어떻게
생각
하십니까

?

GMS 출판부

양의 우물에서 퍼올린 생수 Ⅲ

어 떻 게
생 각 하 십 니 까

박재신 지음

GMS 출판부

오직 예수, 오직 선교

화목, 일치, 선교는 우리 교회가 추구하는 최상의 가치이며 목표입니다.

오직 예수, 오직 선교를 외치며 달려온 36년의 시간…

누가복음 6장 38절 말씀인 "주라, 그리하면 너희에게 줄 것이니 곧, 후히 되어 누르고 흔들어 넘치도록 하여 너희에게 안겨 주리라." 이 말씀은 양정교회 개척의 모토가 되었고, 선교하는 교회를 꿈꾸며 보내는 선교사로서 선교 사역의 기본 철학이 되었습니다.

지난 36년 동안 선교지 아골 골짝 빈들에 선교사를 보내고 물질을 보내고 마음을 보냈습니다.

재정의 25 ~ 30%를 최우선 지출하여 매년 5억 ~ 7억 원의 재정을 선교하는 일에 흘러가게 했습니다. 긴 세월 동안 한결같은 마음으로 선교를 외치고 또 외치며 삶으로 보여 주었습니다.

그동안 두 번의 성전 건축이 있을 때도 결코 선교비를 줄인 적이 없었고 오히려 성전을 건축하는 중에도 선교사를 파송했습니다.

그리고 우리 교회 장로 수와 파송 선교사 수가 같아야 한다는 마음으로 장로님 수만큼 선교사를 파송했습니다.

2001년 성전 건축 기공식과 제1호 선교사로 이응윤 선교사를 태국으로 보내는 파송식을 함께했습니다. 그것은 우리가 교회당 건물을 짓는 일이 목적이 아니고 선교를 위해 건축하는 것임을 하나님 앞과 사람들, 그리고 우리 자신에게 확고히 하고 싶었습니다.

그렇게 2001년 제1호 이응윤 선교사 파송을 시작으로 현재 13가정의 선교사를 세계 각지로 파송했습니다.

태국을 비롯한 중국, 미얀마, 라오스, 우간다, 코스타리카, 아이티, 독일, 미국 등.

저는 내가 가야 할 곳에 나를 대신하여 가는 사람이라는 생각으로 선교사를 보냈고 기도와 물질로 후원하며 응원과 격려를 아끼지 않으려 노력했습니다.

그래서 일보다 사람, 즉 선교사에 초점을 맞추고 "한 번 파송은 영원한 파송"이라고 생각하였고, "당신이 내 손을 놓지 않는 한, 나도 당신의 손을 놓지 않겠다."고 말하며 선교사를 보냈습니다.

그리고 자주 선교지를 방문하여 사역지를 둘러보고 선교사를 위로하며 아버지와 같은 마음으로 관심과 사랑을 보냈습니다.

현재 GMS를 통해 13가정의 선교사를 파송했고 그 외에 후원하는 선교사 및 단체, 그리고 미자립 교회가 60여 곳에 이릅니다.

또한 매년 두 차례에 걸친 선교 바자회를 열고 수익금 전액을 선교비로 보낸 것이 벌써 올해로 37회를 맞이했습니다.

선교 바자회는 우리 교회의 목표인 화목, 일치, 선교 훈련의 장이기도 합니다.

서로 화목함으로 바자회를 준비하고 진행하며 일치된 마음으로 선교하는 힘을 기르는 기회이고 훈련의 기회입니다.

우리 교회의 자체 설문 조사에서 우리 교회를 자랑스럽게 여기는 가장 좋은 점이 선교하는 교회이고, 양정교회 하면 제일 먼저 떠오르는 단어가 선교라고 대답한 성도들이 가장 많았습니다.

지금까지 저는 목회를 위한 목회가 아니라 선교가 목적이 되는 목회를 해 왔습니다.

한 가정으로 시작한 교회가 2천여 명의 교회로 성장하였습니다. 교회 재정의 30%를 최우선 지출하여 매년 5억 ~ 7억 원의 선교비를 지출하고 있으며 두 번의 교회 건축 과정에서도 선교비를 줄이지 않았을 뿐만 아니라 오히려 성도 수가 100% 부흥하는 성장을 이루었습니다.

선교사가 행복하면 파송 교회도 행복해집니다.

행복하면 좁은 길, 십자가의 길도 찬송하며 갑니다.

지금은 GMS 제13대 이사장으로 대화와 소통, 포용적 섬김, 발로 뛰는 헌신이라는 섬김의 원칙을 내걸고 목회하는 마음으로 본부와 선교사를 섬기고 있습니다.

저는 선교지를 돌아보다가 선교지에서 너무나 고독하여 홀로 울고 있는 선교사를 만났습니다.

후원 교회가 없는 선교사도 만났고, 자녀 교육비가 없어 답답해하는 선교사도 만났습니다.

병든 몸에도 선교지를 떠날 수 없다는 사명감에 붙들린 선교사도 만났고, 동역자들끼리 갈등으로 상처받고 마음이 아픈 선교사도 만났습니다.

시니어 선교사들의 은퇴 후의 막막함도 들었습니다.

우리는 선교사가 행복하게 사역하도록 돌보는 사명을 감당해야 합니다.

선교사들의 삶과 그들이 처한 형편과 환경, 그리고 그들의 마음을 알아주고 이해해 주어야 합니다.

그래서 총회 산하 일만 교회와 일만 성도가 각 월 만 원씩 GMS에 후원하는 일명 "만만만 선교 운동"을 전개하여 선교사 자녀 및 위기 대응에 대한 재정을 확보하려고 합니다.

열매가 당장 눈에 보이지 않아도, 당장에 되는 일이 없는 것 같아도 우리 교회는 기본에 충실해 왔습니다.

교회의 기본은 말씀과 기도로 예배하고 나눔과 헌신으로 선교하는 일입니다.

주님의 아름다운 빛을 삶으로 세상에 나타내는 것입니다.

목 차

프롤로그   오직 예수, 오직 선교 ······ 4

제 1부

그리스도의 향나무 되어

공사 중 인생 15

가깝고도 먼 나라 18

교회 설립 25주년을 기념하며 21

그들을 국적 없는 MK족이라고 합니다 24

그리스도의 향나무 되어 27

우리 교회를 어떻게 생각하십니까? 30

목회서신 33

선교 바자회 36

진도 초사교회 건축 착공 예배 39

감사의 능력 42

무엇을 위해 사는가 45

코람데오의 삶 48

교회 설립 27주년을 맞으며 51

좋은 소문 퍼뜨리기 54

친절은 삶의 경쟁력입니다 57

선교사들의 아픔을 이해하는 사역 61

어떻게 생각하십니까

양정의 깃발을 세운 날에 65

포용의 인격 69

창의 끝 (The end of the spear) 73

회복의 사역 77

행복 81

내 목회 사역의 꿈 84

바자회, 양정인 신앙 축제 88

감사는 또 다른 감사를 낳는다 92

하나님께 붙들린 자의 행복 96

무엇을 자랑하시겠습니까? 100

그래도 계속 가라 104

자신감 높이기 108

감사하는 사람, 마음이 깊은 사람 112

온유함의 힘 116

더 좋은 교회 120

목 차

제 2부   **안방 영성에서 광야 영성으로**

그때는 알게 될 것이다   127

믿음과 불신의 차이   130

믿음과 인내의 시간들   133

더위와 열정   136

생존인가 사명인가?   139

눈물의 영성을 회복합시다   142

성지 순례의 여행을 마치고   145

기도는 하나님과 함께 생각하는 것!   148

양정인의 정체성 확립   152

눈물 방으로 들어가기   156

언제나 연휴인 날들이 오기 전에   159

감동이 흐르게 합시다   163

위기는 기회다   167

내 몸을 드리고 싶었습니다   171

약하고 추해도   175

예수님이 주인인 사람들이 필요한 시대   179

우연은 없습니다   183

감사하기로 작정하십시오   187

짐이 무거운 분들에게   191

그리스도인의 삶의 가치와 방향   195

어떻게 생각하십니까

선교 정신 199

불을 기다리며 물 붓기 203

죽음, 그 이후 207

기독교적인 삶의 영성 211

지상낙원인가 영원한 천국인가? 215

담력의 출처 219

태국 펫부리 산티팝 양정교회 설립예배 223

예수 안에서 발견하는 나의 소중함 227

가시나무 231

나를 부르신 것은 235

안방의 영성에서 광야의 영성으로 239

무엇이 나를 움직이게 하는가 243

기도 응답의 확신 247

하나님은 살아 계신다 251

영적인 발달 장애를 극복합시다 255

새벽 기도의 신앙인이 됩시다 259

실망하지 맙시다 263

하나님의 부르심 267

열정 271

하나님과 코드 맞추기 275

제1부

그리스도의
향나무 되어

공사 중 인생

독일의 언어학자 '막스 밀러(Friedrich Max Muller, 1823~1900)'는 학생 시절에 유럽에서 이름난 프랑스 아카데미의 회원이 되기를 원했습니다. 그래서 누구보다 열심히 공부하여 마침내 회원이 됐고 학자로서의 명성이 높아졌을 때 그는 다음과 같은 고백을 했다고 합니다. "실현된 꿈보다 실현되기 전의 꿈이 더 좋았다."라고 말입니다.

명성 자체가 오히려 그것의 완성을 위해 달려가던 그때보다 더 못했다는 고백입니다. 성공으로 인해 꿈이 없어져 버리면 그것은 성공이 아닙니다. 완성 속에 안주하는 것보다 미완성 속에서도 장래의 희망을 보며 비전을 갖는 것이 더 행복한 것이라는 생각을 해봅니다.

신약성경에 나오는 사도 바울도 "내가 이미 얻었다 함도 아니요 온전히 이루었다 함도 아니라 오직 내가 그리스도 예수께 잡힌 바 된 그것을 잡으려고 달려가노라"(빌 3:12)라고 고백하였습니다. 그는 이미 얻은 것에 안주하지 않고, 이미 이룬 것에 자만하지 않고, 아직 얻어야 할 그 무엇이 있고 이루어야 할 사명이 있기에 그것을 잡으려고 달려간다는 것입니다. 그는 예수에게 붙잡힌 사람이었습니다.

자신의 존재는 예수 그리스도 안에 있음을 잘 알았기에 그의 마음에는 언제나 예수 그리스도를 위해 비어놓은 자리가 있었습니다. 그러기에 그는 낮은 데 처하여도 비굴하지 않았고 높은 데 처하여도 자만하지 않을 수 있었습니다. 오직 그의 소망은 자신의 모습이 예수 그리스도 안에서 발견되는 것이었습니다. 그것은 자신의 불완전성을 인식했기 때문입니다.

인간은 본질적으로 미완성의 존재입니다. 어느 철학자는 조물주가 인간을 만드실 때 자신을 위해서 비워 놓은 마음의 공터가 있다고 했습니다. 그곳은 오직 하나님으로만 채워질 수 있고 그때 인간은 비로소 완성되는 것입니다. 그러기에 우리는 자만을 버리고 항상 겸손해야 합니다.

중국 송나라 요주 땅은 신동(神童)이 많이 나오는 곳으로 유명하였는데 신동이 많은 만큼 큰 인물은 나오지 않기로도 유명하였다고 합니다. 그 이유로는 대여섯 살 난 아이들에게 시험을 쳐서 합격하면 신동이라는 칭호와 벼슬을 주는 제도가 있었는데 사람들이 이를 탐하여 어린 아이들을 닭처럼 가두어 놓고 매로써 오경(五經)을 가르쳤다고 합니다. 그렇게 해서 일단 신동 칭호와 벼슬을 얻으면 비단옷을 입혀 여행을 시키고 주변에서는 이를 우러러보게 함으로서 어렸을 때부터 자만과 오만한 마음만 심어주었기 때문입니다. 그래서 어렸을 적 신동이 자라서는 큰 인물이 될 수가 없었던 것입니다. 세상에서 완전한 사람은 없습니다. 그가 비록 신동(神童)이라고 해도 완전할 수는 없습니다. 모두가 다 실수가 있고 잘못이 있을 수 있기 때문입니다.

길을 가다보면 '공사 중'이라는 안내판을 세워놓은 곳을 지날 때가 있습니다. 울퉁불퉁하고 먼지가 많이 납니다. 불편하기 짝이 없지만 모두 말없이 지나갑니다. 왜냐면 공사 중이기 때문입니다. 공사 중일 때는 모두가 다 불편합니다. 그러나 참아냅니다.

인생도 이런 것이 아닐까요?
원래 인간은 하나님의 형상과 모양대로 만들어진 존재이기에 하나님의 완전한 뜻을 나타낼 수 있어야 합니다. 그러나 인간의 마음 밭에 마귀가 죄악의 씨를 덧뿌려서 잡초가 우거졌습니다. 그래서 하나님은 지금 죄의 잡초가 우거지고 죄악의 돌멩이 때문에 고장 난 인생을 수리하고 고치는 공사를 하고 계십니다. 조금 불편해도 참읍시다. 서로 원망하지 말고 이해합시다. 서로 겸손하고 낮아집시다. 피차 공사 중이고 피차 불편을 끼치고 있으니 말입니다.

(2011. 2. 23)

가깝고도 먼 나라

가깝고도 먼 나라 일본을 다녀왔습니다. 비행기로 한 시간이면 가는 나라이면서도 과거의 아픈 역사 때문에 가까이하기 쉽지 않은 이웃 나라, 이웃이라는 의미는 공간적으로 가깝다는 의미도 있지만 그 보다 더 마음이 가까워야 하는 것이라면 그 마음 주기가 정말 쉽지 않은 나라가 일본입니다.

동 일본 지역에 지진과 쓰나미가 발생해서 엄청난 재해를 겪는 것을 보면서 정말 이웃의 아픔을 그냥 볼 수 없다는 우리들의 따뜻하고 순수한 온정의 마음이 물결처럼 흐르기 시작할 때 그 와중에도 불구하고 여전히 독도는 자기네 땅이라고 우기는 그들의 행태를 보면서 그나마 생겨났던 정나미마저 떨어지는 마음이었습니다.

"목사님 그런데도 우리가 그들을 위해 힘들게 바자회를 해서 구호금을 보내야 합니까?"

어느 성도가 항의하듯 바자회 준비로 분주했던 그때 제게 한 말이었습니다. 제가 대답했던 말은 "그래도 해야 합니다."였습니다. 과거의 역사적 상처에 대한 기억만을 가지고 감정적으로 대한다면 우리도 그들과 다를 바가 없습니다. 그러한 대응은 결코 두 나라의 미래를 위해서 좋은 일이 아닙니다.

우리가 접근해야 하는 것은 '기독교적 사랑'입니다.

이웃 사랑을 넘어서서 원수까지도 사랑하라고 하신 주님의 교훈을 따르는 것이 기독교인들입니다. 우리도 감정이 있고 아픔이 있고 그래서 설령 주님의 말씀을 온전하게 실행하고 실천하는 일에 불완전 할 수 있습니다. 그래도 주님의 명령과 교훈을 그 어떤 가치보다 귀하게 여기고 따르고 순종하려고 애쓰고 몸부림치는 모습이라도 있어야 하는 것입니다.

개인이든 국가든 예수님의 정신이 능력이 되는 시대가 되었으면 좋겠습니다. 원수를 이기는 힘이 결코 총칼이나 미움에 있지 않고 사랑에 있음이 증명되는 그런 나라와 그런 시대, 아니 그런 교회 그런 교인들이 되었으면 좋겠습니다. 아주 작은 일상의 삶에서조차 예수님의 가르침을 그 어떤 명분이나 이해관계를 떠나 가장 소중히 여기고 실천하는 그런 사람들이 많아져야 합니다.

일본에서 만난 정말 평범한 일본인들은 우리의 순수한 마음에 눈물로 감사했습니다. 사석에서 그들과 대화를 나누면서 독도를 어떻게 생각하느냐고 물었더니 "그게 왜 일본 땅이라고 하는가?"라고 오히려 반문했습니다. 일본의 평범한 많은 국민들은 과거 한국에 행한 자신들의 잘못에 대해 미안한 마음을 가지고 있고 독도 역시 일본 땅이 아니라 한국 땅임을 알고 있다고 했습니다. 다만 몇몇 정치가들과 극우 세력들의 목소리만 보도되어 일본인 전체가 그렇게 생각하는 것처럼 알려지고 있는 것에 대해서 그들이 염려하고 있었습니다.

이번 구호금 전달은 순수한 우리의 마음을 전달하는 것이었습니다. 그리고 미사와 지역에서 활동하시는 전승대 선교사님의 선교사역에 어떻게든 직간접적으로 도움이 되는 방식으로 전달되기를 바랐습니다. 이번 구호금은 쓰나미로 완전히 파괴되었고 중앙정부로부터 재정 지원이 부족해서 아직도 방치되고 있는 한 유치원을 복구하는데 쓰이도록 했습니다. 구호금을 선교사님을 통해 전달함으로써 시청과 선교사님과의 관계가 더 깊어지는 계기가 되어 선교사님의 사역과 활동을 측면 지원하는 효과도 있었습니다. 우리 양정교회 성도들의 마음이 미사와 지역의 주민들과 선교사님의 사역에 아름다운 열매로 나타날 것입니다.

(2011. 8. 14)

양의 우물에서 퍼올린 생수 Ⅲ
어떻게 생각하십니까

교회 설립 25주년을 기념하며

10월의 첫날 아침 건지산에 올랐습니다. 우리 동네 이렇게 가까이에 마음만 먹으면 쉽게 갈 수 있는 아름다운 숲이 있다는 것이 얼마나 큰 기쁨인지 모릅니다. 청설모 한 마리가 겨울 양식을 준비하느라고 밤송이 하나를 입에 물고 어디론가 바쁘게 달려가고 있었습니다. 아직 찬 바람은 아니지만 선선한 바람이 땀방울 맺힌 이마를 매만져주는 감촉이 너무 좋았습니다. 아직 단풍을 기대하기는 성급하지만 가을바람은 나무며 풀이며 한여름 내내 마음껏 내뿜었던 푸르름을 서서히 거둬들이며 산하 모든 들녘을 천천히 황금물결로 물들이며 또 다른 아름다움을 준비하고 있습니다.

길가에 활짝 핀 코스모스 꽃이 파란 하늘을 향해 방긋 웃고 산들바람에 하늘거리는 움직임을 따라 고추잠자리가 신나게 춤추는 하늘 높은 날, 가을걷이에 손 바쁜 농부들의 노랫소리가 있어 더 행복합니다. 가을은 모두에게 행복을 줍니다. 한여름의 뜨거움도 한겨울의 추위도 아닝 신선하고 상쾌한 기분을 선사하는 멋진 계절입니다. 이렇게 아름답고 멋진 열매의 계절에 우리 양정교회는 아주 작고 아주 미약하게 시작되었습니다.

1986년 10월 5일 당시 집사였던 김은균 장로님의 사업장이며 살림집이었던 덕진동 김시계금방(현재 킴스골드)에서 장로님 부부와 세 아들과 함께 주일 예배를 드림으로 시작되었습니다. 은혜받은 후 줄곧 "아골 골짝 빈들에도 복음 들고 가겠다." 던 그 고백 때문에 덕진동에서의 교회 개척을 망설일 때, "주라 그리하면 내가 네게 줄 것이니…"라고 하신 주님의 약속을 붙들었습니다. 그 약속을 붙들고 선교하는 교회를 향한 꿈을 품었습니다. 그것은 주님의 꿈이었습니다. 땅 끝을 향하신 주님의 비전이었습니다.

주님의 비전을 가슴에 품었기에 우리 교회는 개척교회로 출발했지만 출발부터 결코 미약한 개척교회가 아니었습니다. 주는 교회, 선교하는 교회였습니다. 첫 주일 예배 헌금부터 완주군에 있던 '율소 제일교회'와 전남 승주군 주암면에 있던 '복다교회'를 지원하기 시작하여 선교하는 교회로 출발하였습니다. 재정 지출 최우선 순위를 선교비로 정하고 10%를 선교비로 지출하기 시작했습니다. 매년 증액하여 2010년에는 결산 대비 경상비의 43%를 선교비로 지출하였고, 매해 4억 원 정도를 선교비로 지출하는 교회로 자리매김하였습니다.

주님은 선교를 위해서 우리 교회를 축복하셨습니다. 그 축복은 사람이었습니다. 그리고 그 축복의 시작은 개척의 동역자로 김은균 장로님 가정을 주신 일입니다. 그 가정이 아니었으면 출발이 없었을지도 모릅니다. 그 기도와 헌신은 누가 뭐래도 제 마음속에 그리고 주님에게 자손 천대에 이르도록 기억될 것입니다. 그리고 때에 따라 보내주신 귀한 동역자들이 있었습니다. 특히 우리 교회 초기 덕진동 시절, 한 사람의 자리가 새로울 때 자리를 지키고 힘겹게 헌신하며 목회자의 비전이 주님의 비전임을 확신하며 눈물의 기도와 헌신으로 자리를 지켜온 성도들입니다.

지금은 먼저 하늘나라로 가신 분도 계시지만 대부분 지금도 헌신된 일꾼으로 자리를 지키고 있습니다. 그리고 이제는 묵묵히 충성하는 열세 분의 시무 장로와 두 분의 무임 장로, 그리고 76명의 권사, 41명의 안수집사, 281명의 서리집사에 1,000여 명의 평신도와 600여 명의 주일학교 어린이에 이르기까지 모두가 주님이 보내주신 귀한 동역자들입니다.

이 가을이 더 아름답고 행복한 것은 바로 여러분이 있어서입니다. 함께 양의 우물가에 심어진 아름다운 포도나무 되어 성령의 풍성한 열매를 기대하며 오늘 교회 설립 25주년에 우리 양정의 가족이 된 모든 분들에게 주님의 넘치는 은혜가 있기를 축복합니다.

(2011. 10. 2)

그들을 국적 없는 MK족이라고 합니다

아프리카 오지 선교회(AIM)가 1906년에 케냐 케자베에 세운 RVA (Richmond Valley Academy)에 한국인 선교사 자녀(MK) 여학생 한 명이 있었습니다. 그런데 그는 날이면 날마다 창밖을 보며 엄마의 손길을, 아빠의 품을 그리며 울부짖었습니다. 지금은 잘 자라 성인이 되었지만 부모의 사랑만 받고 살아도 모자랄 어린 선교사 자녀(MK)들이 겪어내야 하는 분리장애의 심각성을 보여주는 사례였습니다. 선교지에는 늘 부모와 생이별해야 하는 선교사 자녀들의 아픔이 산재해 있습니다.

2011년 1월에 개최된 제8회 방콕 포럼에서 박재덕 선교사가 발표한 내용의 일부입니다. 자녀 교육은 모든 부모들의 고민거리이며 숙제입니다. 더구나 그것이 주님의 소명에 의해 교육 환경이 열악한 오지 선교사로 가야 하는 부모라면 더더욱 큰 걱정거리가 아닐 수 없습니다.

자녀 교육문제로 고민했던 한 선교사는 이렇게 말합니다.

"선교사가 제일 감당하기 어려운 일이 있다면 그것은 현지의 언어를 배우거나, 현지의 문화를 익히는 것도 아니며 사역 역시 아닙니다. 선교사 자신들의 희생과 헌신은 어떤 것이라도 능히 감당할 수 있습니다. 그러나 한 가지 일만은 참으로 감당하기 어려워 밤낮으로 몸부림치며 부르짖는 기도가 있는데 그것은 바로 자녀의 교육문제입니다."

자녀 문제는 비단 선교사만의 문제가 아닙니다.

이 땅의 모든 부모의 문제입니다. 내 자녀의 교육에 관심이 있다면 우리가 파송한 선교사에게도 똑같은 고민이 있음을 인식해야 합니다. 선교사 자녀들은 성장기의 대부분을 선교사인 부모를 따라 타 문화권에서 성장합니다.

그 결과 한국인도 아니고, 그렇다고 그 나라 사람도 될 수 없는 정체성의 혼란으로 인한 낮은 자존감으로 쉽게 상처받고 방황하는 경우가 많습니다. 부모 선교사의 사역에 따른 잦은 주거 환경의 이동으로 겪게 되는 이별과 적응의 시간을 수없이 반복하고 부모의 무관심 또는 가정에서의 갈등, 현지 학교의 부적응 문제 등으로 인하여 울고 있는 자아상을 가지고 성장합니다. 국내 청소년들이 겪지 않은 특수한 상처와 아픔을 안고 성장하게 되는 것입니다.

이들은 영적 전투의 최전방에 내어 던져진 상태로 국내 청소년들이 친구관계, 교회 생활 등을 통해 형성되고 누리는 영적 균형을 갖는 일이 쉽지 않으며 이들이 한국에 돌아왔을 때도 국내 환경에 적응하기가 매우 어렵습니다. 그래서 신조어로 선교사 자녀들을 국적이 불분명한

MK 족이라고 부르기도 합니다.

　한국 교회는 선교사 파송에는 열을 올리고 있지만 파송 후에 그들의 가장 큰 고민거리인 자녀 문제에는 별 관심이 없어 보입니다. 그래서 선교사들은 모든 것이 열악한 현지에서 부모로서의 자녀교육과 사역자로서의 미션을 포기할 수 없어 힘들어하고 있습니다.

　통계에 의하면 선교사 자녀들이 또다시 선교에 헌신할 확률이 매우 높습니다. 그들은 선교지의 문화와 언어를 잘 터득하고 성장하기 때문에 그 어떤 사람보다 잠재적으로 능력 있는 선교의 재원이 되는 것입니다. 그래서 MK 사역은 당장에는 선교사들이 안고 있는 자녀 교육문제를 해결하여 그들의 사역에 힘을 실어 주는 것일 뿐 아니라 다음 세대에 능력 있는 선교사를 양성한다는 의미에서 MK 사역은 대단히 중요한 것입니다.

　선교사 자녀들은 후세대 선교를 위한 꿈나무들입니다. 이 꿈나무들이 잘 자랄 수 있도록 관심과 사랑으로 물과 영양분을 공급해 주어야 하고 이제는 모든 교회들이 체계적으로 MK 학교뿐 아니라 MK 사역에 힘을 모아야 합니다.

　금번 MK 사역을 위한 가을 바자회가 이러한 의미에서 중요합니다. 우리 교회가 운영하고 있는 국제학교를 통해서 선교사 자녀들을 바로 세우는 귀한 일에 쓰임 받고 있음을 감사해야 하고 이번 바자회를 통해서 전 교인들이 한마음이 되어 헌신함으로 MK 사역에 부흥이 있을 줄을 믿습니다. 　　　　　　　　　　　　　　　　　　　　　(2011. 10. 23)

그리스도의 향나무 되어

인천공항에 내려 바라본 하늘은 높고 맑은 전형적인 가을 날씨였습니다. 아름다운 가을 하늘을 맘껏 느끼며 서해안 고속도로를 달렸습니다.

가을은 떨어지는 낙엽 때문에 쓸쓸함을 느끼게도 하지만 풍성한 열매를 거두는 추수의 계절이라는 면에서 왠지 마음 가득 풍요로움을 느끼게 합니다. 그러나 물질적인 풍요로움 속에서도 마음과 마음이 서로 멀어져서 고독을 느끼는가 하면 가난하고 힘들고 피곤한 상황에서도 서로의 따뜻한 마음을 나누며 풍요로움을 느끼는 사람들도 있습니다. 이 가을에 진정한 풍요로움은 어디에 있을까요?

남아프리카의 '바벰바' 족은 마을에서 잘못하여 범죄한 사람을 특이한 방법으로 다루는 풍습이 있다고 합니다.

죄지은 사람을 모든 주민이 모인 한가운데 세워놓고 평소 그를 아는 모든 사람들이 그를 둘러싸고 앉아 한 사람씩 돌아가면서 저마다 개인적으로 그 사람에 대하여 겪은 일들을 아주 세세하게 이야기합니다. 그런데 이때 그의 잘못한 것은 말하지 않고 그가 평소에 잘한 것만 이야기해야 한다고 합니다.

그가 이웃에게 베푼 친절한 행동, 아주 사소한 선행, 인내심 있게 마을 일에 동참한 것 등을 아주 자세하고도 길게 늘어놓습니다. 이런 의식은 며칠 동안 계속되기도 합니다. 그런 식으로 순번이 다 돌아가면 한바탕 즐거운 축제가 벌어집니다. 그러는 동안 잘못한 사람은 자신의 잘못을 더 깊이 뉘우치게 되고 비록 잘못했지만 이웃에게 환영을 받으며 다시 종족의 한 사람으로 거듭나게 된다고 합니다. 참 아름다운 풍습이라는 생각이 듭니다.

기독교는 용서가 기본이 되는 종교입니다.

예수님이 용서를 위해 이 세상에 오셨고 고난받으신 이유도 용서를 위함이었고 십자가에 돌아가신 것도 용서를 위함입니다. 그러기에 예수 믿는 사람들이 실천해야 할 덕목 중에 중요한 한 가지가 바로 용서입니다. 하지만 실천하기 가장 힘들고 어려운 것이 또한 용서입니다.

예수님은 일곱 번씩 일흔 번이라도 용서하라고 하셨지만 이해관계가 얽혀져 있을 때 자신에게 잘못하고 피해를 입힌 사람을 무조건 용서한다는 것은 쉽지 않습니다. 그럼에도 불구하고 예수 믿는 사람이 누군가에게 무조건 용서를 실천해야 할 이유는 무엇일까요?

그것은 인간은 아무리 완벽한 사람이라도 실수가 있고 잘못이 있고 허물이 있을 수 있다는 잘못의 가능성 때문입니다. 자신이 실수하고 잘못할 수 있는 존재임을 인식한다면 우린 누구를 비난하거나 비판할 권리가 없습니다. 단지 있다면 이해하고 용서하는 것 밖에 없습니다. 자기도 언제 그런 잘못을 범할지 모르기 때문입니다. 그리고 결정적으로 용서해야 할 이유는 용서받음에 있습니다.

신실한 그리스도인들은 하나님 앞에 죄인 됨을 고백합니다. 그리고 예수 그리스도의 십자가의 공로로 용서받음을 믿습니다. 그런데 우리가 우리에게 실수하고 잘못한 형제의 허물을 용서하지 않는다면 자신이 이미 주님께로부터 받은 용서 그 자체를 부정하는 것과 같습니다. 용서받은 죄인은 그 용서에 감격하며 또 누군가를 용서해야 합니다.

향나무는 자기를 찍는 도끼날일지라도 독을 묻히지 않고 향을 묻힌다는 말이 있습니다. 미움으로 가득한 세상을 아름답게 할 수 있는 것은 용서밖에 없습니다. 서로 원망하며 서로 물고 뜯고 시기하고 질투하며 다른 이에게 상처를 입혀서 자신이 입은 상처를 보상받으려는 생각은 버려야 합니다. 차라리 향나무처럼 내가 아프더라도 오히려 내 속에 있는 예수의 사랑을 나누어주고 내가 아프더라도 오히려 내 안에 있는 예수의 향기를 나누어 줄 수만 있다면 그가 진정한 풍요로움을 누리는 사람이고 그가 진정으로 행복한 사람입니다. 예수 믿는 내가 그냥 용서합시다. 이 시대에 그리스도의 향나무가 되어서 말입니다.

(2011. 11. 6)

우리 교회를 어떻게 생각하십니까?

성도들이 얼마나 행복한 교회 생활을 하는가 하는 문제는 개인의 신앙생활뿐 아니라 교회의 부흥과 성장과도 깊은 관련이 있습니다. 그래서 2012년 1월 셋째 주일 예배에 참석한 성도들에게 주보에 설문지를 넣어 배포하고 답하여 제출하는 방식으로 '교회 만족도' 조사를 실시했습니다. 그날 예배에 참석한 810명 중 433명이 설문에 응답했습니다.

"당신은 양정교회를 자랑스럽게 생각하십니까?"라는 문항에 대해 227명, 52.4%가 '매우 그렇다'라고 응답하였습니다. 그리고 163명, 38.7%가 '그렇다'에 응답하여 우리 교회 성도들은 91.1%가 언제라도 교회를 자랑스럽게 말할 수 있는 행복한 교회 생활을 하고 있음을 알 수 있었습니다. 그리고 41명은 '보통이다'라고 응답하여 9.5%의 교인은 중간 입장임을 나타냈고 '매우 아니다'와 '아니다'에 각각 1명씩 응답하여 0.46%에 해당하는 교인들은 교회에 대하여 부정적인 견해를 가지고 있음을 나타내었습니다.

"자랑스럽게 느낄 수 있게 하는 좋은 점이 있다면 무엇입니까?"라는 질문에 전체 85개의 응답 내용이 있었는데 '선교하는 교회'라는 내용이 168명으로 1위를 차지했습니다. 2위는 '목사님의 말씀'이라고 106명이 응답했고 '성도들 간에 사랑과 화목'이 99명으로 3위를 차지했습니다. 그 외에도 4위는 '목사님의 성품이 좋으시고 열정이 있다'(46명), 5위는 '일치하는 교회'(31명), 6위는 '성도들 간의 섬김'(30명), 7위는 '지역사회에 봉사하는 교회'(24명), 8위는 '기도가 뜨거운 교회'(24명), 9위는 '친절한 교회'(23명), 10위는 '비전이 명확한 교회'(21명), 11위에 '주일학교가 체계적이다'(20명) 이었습니다.

"양정교회를 생각할 때 가장 먼저 떠오르는 단어는 무엇입니까?"라는 질문에 역시 '선교'라는 단어가 가장 먼저 생각난다는 대답이 절대 다수인 314명으로 1위를 차지했고 2위는 '설교'(23명), 3위는 '목사님'(19명), 4위는 우리 교회의 3대 가치인 '화목 일치 선교'로 18명이 응답했습니다. 5위로는 '사랑'이라는 단어였고, 6위는 '전도' 그리고 7위로는 '긴 예배 시간'이었습니다. 그 외에 '기도' '바자회' '양의 우물' '양정인의 정체성' '은혜' '양정인' '표어' '감사' '찬양' '섬김' '열정' '친절' '헌신' 등등이었습니다.

양정교회가 더 좋은 교회가 되기 위해서 개선해야 할 부분에 대한 질문에는 265명이 답했는데 '예배 시간이 길다' 가 단연 1위로 122명이 응답했고, 교역자들이 성도들에 대한 돌봄이 부족하다는 의견도 71명이나 있었습니다. 그리고 성도 간 기본 매너가 부족하다는 부분에 대한 지적(반말, 인사 부족, 부정적 언어 사용 등)이 18명이 있었고, '끼리끼리 문화' 가 있다는 것과 '새 가족 관리 미흡' '성경공부를 통한 양육과 훈련의 미비'를 지적하는 내용이 각각 15명씩 있었습니다. 그리고 '기관별 소통 부재' '중직자들의 태도' '식당 혼잡' 등에 의견을 표한 분들이 각각 5명씩 있었습니다.

　이번 설문 조사를 분석해 보면 우리 교인들의 신앙생활 행복지수는 매우 높다는 사실을 알 수 있습니다. 이런 결과는 고무적인 일이며 매우 감사한 일입니다. 그러나 비록 0.46%에 그치지만 '아니다'와 '전혀 아니다'에 의견을 표한 분들의 소리에도 귀를 기울여야 하겠습니다. 그래서 저는 담임목사로서 더 나은 양정교회가 되게 하기 위해 주님 앞에 어떻게 서야 할지를 고민하겠습니다. 그것이 '사람들에게 좋게 하랴' '하나님께 좋게 하랴'(살전 2:4; 갈 1:10)의 문제라면 고민할 여지없이 주님을 좋게 하는 쪽에 서겠습니다. 그러나 사람에게도 좋게 하여 주님이 기뻐하시는 일이라면 단 0.01%의 소수가 내는 소리도 세심하게 들을 수 있는 열린 귀와 품을 수 있는 마음을 구하겠습니다.
　"주여! 같은 마음을 우리 모든 교우들에게도 주옵소서."

(2012. 2. 5)

그리스도의 향나무 되어 :

목회서신

　예수님은 "너희는 세상의 빛이니 너희 빛이 사람 앞에 비치게 하여 그들로 너희 착한 행실을 보고 하늘에 계신 너희 아버지께 영광을 돌리게 하라."라고 말씀하셨습니다. 그런데 불행하게도 우리는 예수님의 빛을 세상에 드러내지 못했습니다. 세상 사람들과 똑같이 시기, 질투 그리고 욕심부리고 다투고 분쟁하며 이기주의자로 살아왔습니다. 남을 위해 손해 보는 일은 결코 용납하지 않으며 서로 양보 없는 치열한 경쟁 속에서 어떻게든 남을 누르고 이겨야 성공이고 축복이라고 생각했습니다.

　우리가 진정으로 세상을 밝히는 빛의 사명을 다하려고 한다면 그리스도의 정신으로 무장해야 합니다. 그리스도의 정신은 십자가 정신입니다. 남을 위해 내가 먼저 낮아지는 것이며, 내가 먼저 베풀고 섬기며, 손해를 볼지라도 내가 먼저 양보하고 져주는 것입니다. 그것이 십자가

정신이며 예수님이 세상을 비추는 빛이 되는 것입니다. 세상적인 가치관과 방법으로 볼 때는 미련하고 어리석게 보이는 것이 십자가의 정신이며 십자가의 철학입니다. 오늘날에는 기독교인들은 많은데 예수님 정신과 예수님의 사상을 가지고 예수님 가신 길을 따르려고 하는 사람들은 적다는데 문제가 있습니다.

저는 어떻게든 예수님 정신과 예수님의 마음을 목회 현장에서 실현해 보려고 힘썼습니다. 그래서 양정인의 정체성을 말했고 예배 시간마다 "참 빛 예수 빛으로 전하고 삶으로 전하자"라고 구호를 외쳤습니다. 바보스럽더라도 내가 먼저 손해 보는 쪽을 택하고, 어리석게 보여도 내가 먼저 양보하고 내가 먼저 져주는 쪽을 택하자고 교훈하고 가르쳤습니다.

양정교회 교인들은 생활필수품과 같은 사소한 것들을 구입할 때는 집 근처의 작은 가게에서 필요한 물건을 구입하십시오. 장사 잘 되는 큰 마트는 우리 교인들이 안가도 잘 될 테니 우리는 될 수 있으면 장사가 잘 안되는 곳을 찾아가서 조금 손해 볼지라도 물건을 팔아주십시오. 그리고 시장이나 골목에 있는 영세 상점에서 물건을 살 때는 물건값을 깎지 마시고 가끔 외식할 일이 있거든 송천동의 장사가 잘 안되는 식당을 골라서 외식을 하십시오. 그렇게 해서 손해 봤다고 생각되거든 그 주일에는 주일 헌금을 하지 마십시오. 그것도 하나님이 받으시는 헌금이 될 것이기 때문입니다.

교회 올 때 가까운 거리는 걸어서 오시고 걷기에 거리가 먼 교인은 가

급적이면 택시나 버스와 같은 대중교통을 이용하시기 바랍니다. 그리고 택시를 타시고 오실 때는 반드시 교회 앞에서 내리시면서 거스름돈을 기사님에게 되돌려 주십시오. 아니 거스름돈이 안 남고 딱 맞아떨어지거든 천 원쯤 더 건네주며 "좋은 날 되세요."라고 인사하십시오. 그리고 기사님에게 드린 천 원이 아깝게 생각되거든 주일 헌금에서 천 원을 공제하십시오. 이때는 반드시 성경책을 손에 들고 있는 것이 좋습니다.

왜냐면 내가 그리스도인인 것을 자신 있게 세상에 드러낼 좋은 기회이기 때문입니다. 누군가 자신에게 작은 실수라도 하거든 기뻐하십시오. 용서함으로써 주님의 말씀을 실천할 수 있는 좋은 기회가 생겼기 때문입니다. 누군가가 자신에 큰 잘못을 저질렀거나 원수처럼 대하거든 크게 기뻐하십시오. 왜냐면 "왼 뺨을 치는 자에게 오른 편 뺨까지 돌려대라"라고 하신 말씀과 "원수를 네 몸같이 사랑하라"라고 하신 주님의 말씀을 실제로 실천함으로써 주님께 인정받을 수 있는 절호의 기회가 주어졌기 때문입니다(마 5:39, 44 참조).

사랑하는 성도 여러분!
그렇게 해서 세상에 예수님의 빛이 전해진다면, 그렇게 해서 교회 밖의 모든 사람들이 하나님이 살아계시고 그분이 우리를 사랑한다는 것이 전해진다면 그것이 우리의 행복이며 우리가 섬기는 주님의 기쁨이 될 것입니다.   (2012. 3. 18)

선교 바자회

2012년 4월 19일은 21차 바자회가 열리는 날입니다. 2001년 9월 21일부터 22일까지 양일간 처음으로 진행된 바자회가 벌써 21차를 맞습니다. 처음에는 교회 건축기금 마련 목적으로 1년에 한차례 실시되다가 건축이 완공된 2004년부터 선교 바자회로 성격을 바꿔서 봄, 가을에 한 차례씩 실시해 왔습니다. 그리고 2008년부터는 봄 바자회는 국내 선교를 위해 그리고 가을 바자회는 해외 선교를 목적으로 실시했습니다.

그동안 바자회 수익금으로 중앙아시아에 기독대학이 세워졌고 중국 청도에 양정에덴원이 건립되기도 했습니다. 키르기스스탄에 비쉬켁 소망교회가 세워져서 부흥하고 있습니다. 그리고 태국에 트라이앵글 미션센터와 미얀마에 영생 학교가 세워져서 많은 아이들을 하나님의 사람들로 양육하고 있습니다. 또한 중국에 선교사 자녀 학교를 지원하여 많은 선교사 자녀들이 좋은 환경에서 교육받고 있습니다.

국내 선교부분에 있어서도 완주군에 있는 농촌 미자립 교회인 양화교회를 지원하여 새롭게 재건축하게 하였고, 전북지역의 목회자 양성기관인 전북신학교를 후원하기도 했습니다. 해마다 두 번씩 실시되는 우리 교회의 선교바자회는 그 수익금을 통해 하나님 나라의 일을 크게 감당하고 있는 것입니다. 그러나 우리 교회 바자회는 수익금을 남겨 선교를 위해 사용하자는 목적도 있지만, 그보다 더 중요한 목적이 있습니다. 그것은 바자회를 통해서 신앙훈련 내지는 신앙훈련의 실습이 이뤄진다는 것입니다.

빌립보 교회의 유오디아와 순두게는 아주 헌신적인 여 성도들이었습니다. 그러나 그 두 분은 교회에서 항상 마음이 맞지 않았습니다. 자연히 늘 의견충돌이 일어났고 서로 불신하며 갈등만이 쌓여갔습니다. 결국 바울은 그의 편지에서 두 사람에게 같은 마음을 품으라고 권면하기에 이릅니다. 주님을 사랑하고 주의 일에 열심 있는 사람들이기에 예수님의 마음을 품으면 하나가 될 수 있는 것입니다.

예수님의 마음은 바로 온유와 겸손입니다. 온유와 겸손의 마음은 아무리 큰 갈등이라도 서로 하나 되게 할 수 있습니다. 그러므로 일하다가 다투지 마십시오. 다툴 일이 생기거든 "먼저 꼬리 내리십시오." 하나님의 일을 하면서 서로 미워하고 원수처럼 되면 그것은 주님이 기뻐하는 일이 아니기 때문입니다.

대부분 일을 하지 않는 사람들 사이에서는 그런 불편한 관계가 이뤄지지 않습니다. 주님을 위해 누구보다도 열심을 가진 사람들 사이에,

주님을 위해서 자신의 시간과 몸과 마음을 드려 충성하는 사람들 사이에 그런 일들이 생겨나는 법입니다. 아무 일도 하지 않고 멀리 서서 구경만 하는 사람들 사이에서는 의견 충돌도 일어나지 않고 마음이 상할 일도 서로 상처받을 일도 없습니다.

 각 기관별로 바자회에 동참하는 과정에서 서로 마음과 뜻을 합하여 협력하는 성도의 교제와 일하는 과정에서 생길 수 있는 갈등을 어떻게 처리해야 성숙한 그리스도인의 모습일까 하는 것들이 고민되고 연습되며 훈련되어야 합니다. 바자회가 열릴 때마다 언제나 강조한 것처럼 화목이 가장 우선하는 가치이며 목표이기 때문입니다. 우리가 주님의 영광을 위한다는 명분으로 아무리 크고 멋진 일을 이뤄낸다고 하더라도 화목이 깨지고 불화가 발생하면 안 됩니다. 또 그것을 신앙적으로 처리하지 않고 사람의 감정이나 자존심 그리고 자신의 명예와 명분만을 앞세워 가장 아끼고 사랑해야 할 사람들끼리 서로 미움이 생기고 서로 불편한 관계가 되는 것은 결코 주님 앞에서 아름다운 일이 아니기 때문입니다.

이번 바자회는 진도 초사교회 건축지원금 마련이 목적입니다. 그러나 그보다 더 큰 목적을 이뤄냅시다. 우리가 어떻게 서로를 이해하고 사랑하고 서로를 위해야 하는지를 배우고 깨닫고 그것을 연습하고 실습하는 바자회가 됩시다.

(2012. 4. 15)

진도 초사교회 건축 착공 예배

전남 진도군 의신면 초사리, 바닷가에 자리 잡은 작은 어촌 마을, 38년 된 낡은 교회당 건물은 불신자들에게 하나님께 예배하는 예배당이라고 하기에 창피할 정도로 낡았습니다. 담임목사 박장순 목사는 우리 교회 출신으로 전도사 때부터 남들이 가기 꺼려 하는 전남의 섬 지방을 다니며 교회를 섬겼는데 목사 안수를 받으시고 초사교회에서 목회하게 되었습니다.

교회 건물이 낡아서 새로 건축하고 싶었지만 방법이 없었습니다. 농어촌 교회의 현실이란 우리가 생각하는 것보다 훨씬 더 좋지 않습니다. 젊은 교인들은 다 도회지로 떠나고 얼마 남지 않은 연세 많으신 노인들이 자리를 지키고 있기 때문입니다.

목사님은 교회당 건물이 낡아서 하나님의 영광을 가리는 것도 있지만 이러한 노인들을 돌보는 사역을 하기 위한 건물을 짓고 싶었습니다. 오갈 데 없는 어르신들, 그리고 집은 있어도 혼자여서 외로운 노인들이 함께 모여 이야기도 하고 잠도 잘 수 있는 그런 쉼터를 교회에서 제공해 드리면 좋겠다는 생각으로 노인 복지 목회를 생각했습니다. 그러나 마음뿐, 작고 낡은 교회당 건물로는 그 무엇도 할 수 없어 그저 기도할 뿐이었습니다.

어느 날 노인 집사님 한 분이 가진 것의 전부라며 2천만 원을 교회당을 새로 짓는데 써달라며 헌금했습니다. 목사님은 너무나 기뻐서 그날 그 2,000만 원을 현금으로 들고 전주까지 단숨에 달려왔습니다. 제게 그 돈을 보여 주시며 "이것이 씨앗이 되어 교회가 건축되기를 바라는데 양정교회를 통해서 이뤄질 것 같은 믿음이 들었다."는 것입니다.
저는 기쁜 마음도 들었지만 아무런 답도 드릴 수가 없어 안타까웠습니다. 그래서 "주님의 뜻이라면 이뤄질 것이니 기도하며 기다리자."고 권면하고 축복 기도만 해드렸습니다. 그런데 떠나시는 목사님 내외의 뒷모습을 보면서 주님께서 원하신다면 어려워도 우리가 해야 한다는 생각이 들었습니다. 그래서 우선 2011년 봄 바자회를 초사교회 건축을 위한 바자회로 선포하고 진행했습니다. 그렇게 해서 초사교회 건축을 시작할 수 있는 기금이 마련되었고 기공 예배를 드리게 된 것입니다.

그날, 착공 감사 예배는 우리 교회 성도들 60여 명과 그곳 시찰회 목사님들 전체 70여 명이 참여했습니다. 아마도 작은 어촌 마을에 그렇게 많은 성도가 모여 보기는 최근에 처음 있는 일이었을 것입니다. 기도를 맡은 칠전교회 전정림 목사님의 기도가 아직도 귓전에 남아있습니다.

"하나님, 38년 전 이 교회를 지었을 때는 주변에서 가장 아름답고 좋은 집이었는데 38년이 지난 지금 하나님을 믿지 않는 사람들이나 교인들의 집들은 다 새로 지어 깨끗하고 아름다운데 하나님의 교회는 낡아서 비가 새고 금방 허물어질 것 같아서 마음이 아팠습니다. 이제 새롭게 교회당을 짓고 하나님의 살아 계심을 세상에 전파하게 되었으니 감사합니다."

교회당 건물은 하나님의 이름으로 일컬어지는 만민의 기도하는 집입니다. 구별 받은 하나님의 백성들이 모여 거룩하신 하나님께 예배하는 곳이기 때문에 거룩한 곳입니다. 성도의 영적 훈련과 교육을 하는 곳이기 때문에 세상의 어떤 다른 건물과 구별되는 점이 있습니다. 물론 건물 그 자체가 거룩하다는 것이 아닙니다. 그곳이 거룩하신 하나님의 이름으로 일컬어지기 때문에 거룩한 성전이 되는 것입니다.

초사교회가 작지만 아름답게 지어져서 목사님이 마음껏 목회를 할 수 있게 되고 바닷가 마을 불신자들도 '저 교회가 건축된 것을 보니 정말 하나님이 살아 계시구나.'라는 생각을 갖게 되었으면 좋겠습니다. 우리 양정인들이 교회를 건축하는 데 힘을 합하여 하나님께 영광을 돌리기를 기도합니다.   (2012. 11. 11)

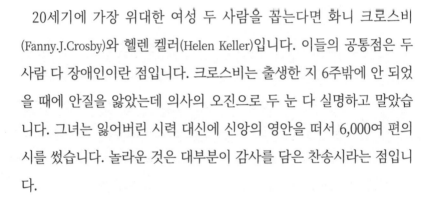

감사의 능력

20세기에 가장 위대한 여성 두 사람을 꼽는다면 화니 크로스비 (Fanny.J.Crosby)와 헬렌 켈러(Helen Keller)입니다. 이들의 공통점은 두 사람 다 장애인이란 점입니다. 크로스비는 출생한 지 6주밖에 안 되었을 때에 안질을 앓았는데 의사의 오진으로 두 눈 다 실명하고 말았습니다. 그녀는 잃어버린 시력 대신에 신앙의 영안을 떠서 6,000여 편의 시를 썼습니다. 놀라운 것은 대부분이 감사를 담은 찬송시라는 점입니다.

헨렌 켈러 역시 성홍열로 듣지도 보지도 못하고 말도 못하는 중복 장애자가 되었습니다. 그녀가 알아듣고 표현할 수 있는 방법은 감각 기관뿐이었습니다. 설리번(Anne Sullivan) 선생님의 피눈물 나는 교육으로 대학을 졸업하고, 마침내 박사학위를 받았고 그 후에 많은 저서를 남겼습니다. 역시 놀라운 것은 그녀의 글도 모두 감사라는 것입니다.

그녀는 「3일 동안만 볼 수 있다면」이라는 책에 이런 글을 썼습니다. "만약 내가 사흘간 볼 수 있다면 첫째 날엔 나를 가르쳐 준 설리번 선생님을 찾아가 그분의 얼굴을 바라보겠습니다. 그리고 산으로 가서 아름다운 꽃과 풀과 빛나는 노을을 보고 싶습니다. 둘째 날엔 새벽에 일찍 일어나 먼동이 터 오는 모습을 보고 싶습니다. 저녁에는 영롱하게 빛나는 하늘의 별을 보겠습니다. 셋째 날엔 아침 일찍 큰길로 나가 부지런히 출근하는 사람들의 활기찬 표정을 보고 싶습니다. 점심때는 아름다운 영화를 보고 저녁에는 화려한 네온사인과 쇼윈도의 상품들을 구경하고 저녁에는 집에 돌아와 사흘간 눈을 뜨게 해 주신 하나님께 감사의 기도를 드리고 싶습니다."

우리는 아무리 불행하다 해도 크로스비나 헬렌 켈러보다는 불행하지 않습니다. 그런데 그들은 감사로 일생을 살았는데 불행하게도 우리는 불평과 원망으로 살아가고 있습니다. 기적이 감사를 만들어낸 것이 아니라 감사하는 마음과 감사하는 삶이 기적을 만들어 낸 것입니다. 그들은 자신들의 불행을 감사로 극복하고 기적의 사람들이 되었습니다.

감사는 신앙의 본질입니다. 어떤 이유와 조건이 아닌 그냥 감사 그 자체가 신앙이며 믿음입니다. 유다의 7대 왕 여호사밧 왕 시대에 암몬, 모압, 세일 사람들이 연합하여 유다를 쳐들어왔습니다. 여호사밧 왕은 전쟁할 수 있는 준비가 되어있지 않았습니다. 그는 하나님께 기도하였습니다. 기도했더니 믿음이 생겼습니다. 하나님이 함께하신다는 확신을 가지고 성가대를 조직하여 거룩한 예복을 입히고 하나님을 찬양하게 하였습니다. 그때 부른 찬양의 제목이 "여호와께 감사하세"입니다 (대하 20:21). 감사하는 찬양이 전쟁터에 울려 퍼지고 있을 때 천사가 적진에 나타나 그들을 어지럽게 했습니다. 마침내 적들은 자기들끼리 서로 치고받고 싸웠습니다. 그날 유다는 큰 승리를 거두었습니다.

하나님께 감사하여 찬양할 때에 놀라운 축복을 주신 것입니다. 이처럼 감사하는 사람에게 사람이 상상할 수 없는 기적과 능력을 허락하십니다. 뿐만 아니라 바울과 실라가 빌립보 감옥에 갇혔을 때 밤중에 바울과 실라는 하나님을 찬송했습니다. 다른 제자들이 그랬던 것처럼 그리스도를 위해 감옥에 갇히고 매 맞고 욕먹는 일에 대하여 하나님이 자신들을 쓰시는 것에 대하여 감사하였습니다.

빌립보 감옥에 울려 퍼지는 하나님을 찬양하는 감사의 노랫소리에 하늘의 천사들이 움직였습니다. 갑자기 지진이 일어나며 옥문이 열리고 손과 발목에 채워졌던 쇠사슬이 풀어졌습니다. 그 결과 빌립보 감옥의 간수장이 예수를 믿게 되었고 빌립보 교회가 크게 부흥하였습니다. 가장 어렵고 힘든 때 감사의 찬송은 기적을 부릅니다.

(2012. 11. 18)

그리스도의 향나무 되어 :

무엇을 위해 사는가

교회당을 짓는 어느 공사장에서 두 사람이 벽돌 쌓는 일을 열심히 하고 있었습니다. 누군가가 그들에게 "무슨 일을 하십니까?"라고 물었습니다. 첫 번째 사람이 "저는 벽돌을 쌓고 있습니다."라고 대답했습니다. 두 번째 사람은 "저는 성전을 건축하고 있습니다."라고 대답하였습니다. 똑같이 벽돌 쌓는 일을 하고 있었지만 두 사람의 목적의식은 전혀 달랐습니다. 한 사람은 그냥 벽돌을 쌓고 있었고 다른 한 사람은 성전 건축을 위해 벽돌을 쌓고 있었습니다.

삶에 있어서도 마찬가지입니다. 그냥 사는 사람이 있고 진정한 목적을 가지고 사는 사람들이 있습니다. 삶에 있어서 참된 가치를 알고 그것에 대한 분명한 목적의식을 가져야 합니다. 그리스도인들에게 보다 더 고귀하고 아름다운 인생의 목적은 바로 "하나님의 영광을 위해서"라는 것입니다.

돈, 명예, 지식, 실력, 직장, 가정, 친구 등등 이런 것들은 하나님의 영광을 효과적으로 드러내기 위한 수단이요 도구입니다. 이 시대 사람들의 근본적인 불행의 원인은 수단을 목적화한 것입니다. 목적을 위해 일하지 않고 수단을 위해 일하는 데서 모든 불행이 싹트고 죄의 열매가 익어가고 있는 것입니다.

　어느 책에서 이런 얘기를 읽었습니다. 양이 전 재산인 어느 농부의 양을 뺏으려고 강도들이 쳐들어왔습니다. 양 주인은 빼앗기지 않으려고 양들을 빨리 집 안으로 몰아넣고 방어를 하였습니다. 사방으로 나 있는 창문으로 총을 쏘면서 왔다 갔다 하였는데 이처럼 방 안을 오갈 때마다, 그는 무엇엔가 걸려 넘어지곤 하였습니다. 그러나 그는 그것에 신경 쓸 겨를이 없었습니다. 농부는 발에 걸려 넘어지게 만드는 양들을 발로 차서 밖으로 내쫓았습니다. 그리고 그는 싸움을 계속하였습니다. 결국 강도는 물리쳤는데 남은 양은 몇 마리 되지 않았고 이리 차이고 저리 차여 상처투성이가 되었습니다. 농부는 강도들과 싸우느라고 그 싸움의 목적을 잃어버린 것입니다.

　오늘날 많은 그리스도인들이 진정한 삶의 목적이 무엇인지를 알았으면 좋겠습니다. 일주일에 교회를 한 번도 못 나올 정도로 바쁘게 사는 모든 사람들이 수에 칠 가치도 없이 허약하고 무능한 자신의 연약함을 안다면, 내가 어떻게 살고 어떻게 생명이 유지되고 있는지에 대하여 깊은 깨달음이 있다면, 인생을 조금 더 진지하게 생각해 볼 수 있다면,

지금 진정 중요하고 우선해야 할 것이 무엇인지 깨닫게 될 것입니다.

록펠러(John.D.Rockefeller)는 53세에 억만장자가 되었고 마침내 세계 최대의 부호가 되었습니다. 그런데 그는 알로피셔(alopecia)라는 병에 걸려 의사에게 1년을 넘기지 못할 것이라는 선고를 받았습니다. 그는 하루에 백만 달러를 버는 사람이었지만, 그 많은 돈으로도 매일 자지도 못하고 제대로 먹지도 못하는 고통에 시달렸습니다. 그러던 어느 날 그는 "돈은 아무것도 아니다! 하나님이 모든 것 되신다."라고 소리치며 하나님께 부르짖으며 기도했습니다. 비로소 그는 인생의 참된 목표와 의미를 깨달았습니다. 그 후 리버사이드 교회(Riverside Church)를 짓고 록펠러 재단을 만들어 빈민을 위한 의료 사업에 모든 재산을 쏟았습니다. 그렇게 인생의 목적을 바꾼 후에 그는 행복하고 건강하게 98세까지 살았습니다.

신자들에게 있어서 유일한 존재 목적은 "하나님의 영광을 드러내는 것"입니다. 나머지는 모두가 하나님의 영광을 드러내고 찬양하기 위한 수단들입니다. 그것이 돈이든 명예든 권력이든 지식이든 어떤 자격이든 우리가 목적 삼은 그것들은 진정한 의미의 목적이 아닙니다. 다만 그것이 하나님의 영광을 드러내는 수단이 될 때만 의미가 있는 것입니다. 내가 목적 삼은 것은 무엇인지 생각해 봅시다.

(2013. 6. 9)

코람데오의 삶

지난 한 주간 선교사 자녀 학교인 곤명학교 이전에 따른 업무 처리를 하기 위해 다녀왔습니다. 한 달 가까이 건물을 이전하고 정리하느라 고생한 직원들의 노고를 위로하고 새로 입주한 건물에서 한인교회 목사님을 비롯한 한인 사회 유지들, 교사들과 직원들이 함께하여 감사의 이전 예배를 드렸습니다. 이전 건물보다 더 깨끗하고 조용하고 짜임새 있어서 교육적 환경이 아주 많이 좋아졌다고 모두들 기뻐하였습니다.

선교사 자녀를 돌보고 교육하는 MK 사역에 대한 비전과 사명을 깨달은 후부터 끈기와 인내로 이 일을 감당하고 있지만 금년만큼 그 무게가 무겁게 느껴지는 해는 없었습니다. 그러나 당장에 보이지 않는 결과, 열매도 없는 나무를 가꾸는 것처럼 물을 붓고 부어도 채워지지 않는 것, 밑 빠진 독같이 인적 물적 자원의 부족을 느끼면서도 한 번도 이 사역에 대해서 의심하거나 회의를 느껴본 적이 없습니다.

사람들이 쉽게 힘을 모아주지 않아도, 박수를 쳐주거나 격려의 소리를 들려주지 않아도 오직 주님이 맡기신 일이고 주님이 기뻐하실 일이라면 결코 쉽게 포기할 수 없습니다. 우리가 하는 이 모든 일들이 주께서 기뻐하실 일이며 오직 주님을 향한 섬김이란 확신 때문입니다.

중세 기독교인들은 '코람데오(Coram Deo)'라는 말을 즐겨 사용하였습니다. 이 용어는 라틴어로 '앞에' 라는 의미의 코람(coram)과 '하나님'을 의미하는 '데오(Deo)'라는 두 단어의 합성어로 '하나님 앞에서'라는 의미를 가지고 있는 기독교 용어입니다. 종교 개혁자들이 부패했던 교회와 성도들로 하여금 오직 하나님의 이름만을 높이고, 하나님의 권위 아래 살며, 하나님 안에 사는 삶의 방식을 요약해서 주창했던 말입니다. 영어로는 'before the face of God'로서 역시 "하나님의 얼굴 앞"이라는 의미입니다. 우리는 하나님의 얼굴 앞에 존재합니다. 얼굴 앞에 존재한다는 것은 언제나 하나님을 의식한다는 의미입니다. 우리가 사람을 기쁘게 하려는 것도 아니고 사람을 두려워하는 것도 아닌 오직 하나님을 기쁘시게 하려 함이며 두려워함이 있다면 오직 하나님만을 두려워해야 합니다.

삶은 거대한 연극 무대와 같습니다. 누가 관객이고 누가 배우입니까? 많은 그리스도인이 하나님이 배우이고 자신이 관객인 것처럼 살아갑니다. 하나님이 자신을 위해 특별 무대를 마련해주셔서 자신만을 위한 아주 특별한 공연을 해 주기를 기대합니다.

때로는 묘기도 부리고 때로는 신비한 능력을 발휘해서 자기 욕심과 필요를 공급해 주는 배우가 되어 달라고 간청합니다. 그러나 우리 인생 무대에서 관객은 그리스도이십니다. 그분은 내 인생의 무대에서 나의 공연을 지켜보는 위대한 '단 한 분의 관객(Audience of One)'이요 최고의 청중, 최후의 관객입니다.

인생 무대에서는 우리를 바라보는 수많은 사람이 있습니다. 저마다 바라보는 사람들을 의식하고 그들에게 잘 보이고 칭찬과 박수를 받기 위해 애쓰며 살아갑니다. 그 설과 사람들에게 널찍석인 환영을 받고 박수를 받는 일도 있습니다. 그러나 진정한 의미에서 '단 한 분의 청중'인 주님께 박수받지 못하면 아무런 의미가 없습니다. 그러므로 진정한 그리스도인의 삶이란 단 한 분의 관객이신 주님을 위해 자기 삶을 연주하고 자기 삶의 모든 것을 바치는 '코람데오'의 삶을 사는 것입니다.

오직 유일한 관객이며 최고의 청중이신 주님만을 위해서 열심히 내 인생 무대를 펼쳐 봅시다. 사람 앞에(coram hominibus), 세상 앞에(coram mundo) 잘 보이고 박수받기보다 내 유일하고도 진정한 관객이신 주님 한 분만을 만족하게 하는 '코람데오의 삶'을 살아봅시다.

(2013. 9. 15)

교회 설립 27주년을 맞으며

아직은 귀뚜라미 소리보다 풀벌레 소리가 더 익숙한 초가을입니다. 시골 들녘이 점점 황금 빛깔로 물들어가는 모습은 곧 추수 때가 다가옴을 말하고 아침저녁 서늘한 바람은 낮의 햇볕이 아무리 뜨거워도 지금이 가을임을 실감하게 하고 있습니다. 가을은 풍성한 열매가 있어서 아름다운 계절입니다. 특히 금년에는 태풍이 한차례도 없어서 오곡백과의 풍요로움이 한층 더한 황금 같은 가을입니다. 그런데 27년 전의 가을은 많이 힘든 날들이었습니다.

아무것도 바라볼 것이 없었고 의지할 사람도 없었습니다. 주님의 부르심 하나 믿고 주님의 인도와 역사를 바라보며 정말 막연하게 주의 길 가겠다고 나선 시골 목회 2년 반의 경력밖에 없는 그것도 신학교도 다 마치지 못한 무명의 전도사였습니다. 아이 셋에 늘 약하여 병원 신세를 져야 했던 연약한 아내와 수중에 단돈 십만 원도 없는… 그래서 주님을 향해 더 간절했고 더 애절했던 그런 가난한 날들이었습니다.

마음에 불타는 뜨거운 열정 하나면 다 되는 줄 알았습니다. 십자가를 지고 따르라고 하신 주님의 분부를 따라 무조건 나서면 다 되는 줄 알았습니다. 그러나 현실은 그렇지 않았습니다. 길은 멀었고 내가 부양해야 할 가족과 감당해야 할 목회적 사명은 내 능력 밖의 능력을 요구했습니다.

길은 막혔고 소망은 없었습니다. 목회길 열어달라고 스무하루를 금식하여 매달렸습니다. 피골이 상접한 내게 하나님이 붙여 주셨던 한 가정이 있었고 그의 집에서 시작된 양정교회는 오늘 교회학교 600여 명, 장년 재적 성도 1,500여 명에 주일 낮 예배 출석 교인 천여 명을 바라보는 교회로 성장했습니다. 하나님께서 양의 우물을 파게 하신 것입니다. 그리고 그해 가을, 어느 때보다 더 막막하고 힘든 가을날이었지만 10월 5일의 첫 예배에서 하나님은 내게 "베풀고 나누라."라는 목회적 신념을 주셨습니다. 그 말씀을 의지하여 우리 교회는 개척교회지만 개척교회가 아님을 선포했습니다. "주라 그리하면…(눅 18:22 참조)"이라고 하신 주님의 말씀을 따라 주는 교회 즉 선교하는 교회로 선포하고 27년을 한결같이 걸어왔습니다. 처음이나 지금이나 선교를 교회의 모든 일에 최우선 되게 하였습니다.

선교야말로 주님이 교회를 세우신 본질적인 사명이라는 사실 앞에 최선을 다하려고 몸부림쳤습니다. 나 하나 배부르려고 하면 얼마든지 배부를 수 있습니다. 나 하나 편하려면 얼마든지 편할 수 있습니다. 그러나 그것은 나 혼자 누릴 복이 아닙니다. 그것은 진정한 행복이 아닙니다. 그래서 주님은 나누라고 했습니다. 실은 지금 더 나눌 것이 없도록 나누고 있습니다. 최대한 나를 위해 쌓아놓지 않고 복음을 위해 나누려고 노력하고 있습니다. 그러나 우린 여기에서 만족할 수 없습니다.

　정녕 우리 교회가 선교하는 교회로 자리매김하고 선교하는 교회로 세워져가기 위해 하나님의 역사를 기대할 만한 진정한 헌신이 필요합니다. 그래서 하나님을 향한 '에벤에셀'의 영광이 우리 가운데 나타나게 해야 합니다. 후일 나의 후손들이 "저것이 무엇이냐?"고 물으면 "너희 조상 000가 하나님의 살아 계심을 증거하는 기념 비석이다."라고 말할 수 있는 기념 비석을 세워야 합니다. 그래서 3년 전에 선포한 '에벤에셀 비전센터'는 각자가 세워야 할 신앙의 기념 비석입니다.

　27년 전, 10월 5일 그때는 오늘을 상상조차 못했지만 주님은 아셨습니다. 오늘 우리 양정교회의 모습을… 각자 역할에 따라 사람은 떠나고 바뀌어도 우리를 불러 세우시는 분은 동일하십니다. 이제 믿음의 깃대를 세웁시다. 인간의 계산이나 능력으로 가 아닌 믿음의 안목과 믿음의 잣대로 계산하고 생각하여 거룩한 결심과 헌신으로 에벤에셀의 하나님을 찬양하는 믿음의 기념 비석을 세우고 앞으로 다가올 27년의 미래를 바라봅시다.
　　　　　　　　　　　　　　　　　　　　　　　(2013. 10. 6)

좋은 소문 퍼뜨리기

백세의 서동 왕사는 신라 진평 왕의 셋째 딸 선화 공주가 이 세상에서 제일 아름답다는 소문을 듣고 머리를 깎고 신라의 서울인 서라벌로 갔습니다. 서동 왕자는 선화 공주를 연모하여 자신의 아내로 삼고자 하여 어떻게 할까 궁리하다가 그는 동네 아이들에게 노래를 가르쳤습니다.

"선화 공주님은 남 몰래 정을 통해 두고 서동(薯童) 도련님을 밤에 몰래 안고 간다."

선화 공주가 서동 왕자를 좋아하여 남몰래 정을 통하였다는 이 동요가 아이들의 입에서 입으로 장안에 퍼지자 신라 조정의 대신들은 공주의 품행을 문제 삼아 선화 공주를 탄핵하여 궁궐에서 쫓아냈습니다. 선화 공주가 억울하게 시골로 유배당하게 되어 대궐을 떠날 때 서동 왕자가 나타나서 선화 공주를 백제로 데려가서 그와 결혼하였습니다.

야심 많은 한 소년이 한 여인을 사모한 나머지 그 사랑을 이루기 위해 그 여인이 자신과 스캔들이 있다는 식으로 소문을 퍼뜨려서 사랑을 이루었다는 이 이야기는 유치하기는 하지만 동화적이고 낭만적입니다. 서동은 소문을 이용하여 자신의 사랑을 이뤘지만 세상의 소문이 다 그렇게 낭만적이고 아름다운 것만은 아닙니다. 세상에는 악의가 있는 헛소문도 있고 전혀 근거 없는 뜬소문도 많기 때문입니다.

선화 공주의 입장에서 보면 참으로 마른하늘에 날벼락 같은 일을 당한 것입니다. 전혀 근거 없는 헛소문 때문에 궁궐에서 쫓겨나게 되었으니 말입니다. 서동 왕자는 이기적이고 악의적인 헛소문을 퍼뜨려 선화 공주를 난관에 빠트린 것입니다. 악의적인 헛소문을 악성 루머(malignity rumor)라고 합니다. 이것은 칼보다 더 무섭습니다. 한 기업을 파탄에 이르게도 하고 한 사람의 인격을 무참하게 짓밟아 불행의 나락으로 떨어지게 하기도 합니다.

오늘날 인터넷 시대에 이러한 악의적인 헛소문은 한번 퍼지면 빛의 속도로 퍼지기 때문에 당사자에게는 돌이킬 수 없는 상처를 입히게 되는 것입니다. 진실이야 어떻든지 소문은 한번 퍼지면 걷잡을 수 없이 퍼져나가기 때문입니다. 그래서 소문의 위력은 대단합니다.

신라 조정의 대신들은 소문의 진위를 따져 보지도 않고 공주를 탄핵하고 말았습니다. 선화 공주의 입장에서 보면 억울하기 짝이 없는 노릇입니다. 우리말에 "발 없는 말이 천 리 간다."는 속담은 바로 소문의 위력을 두고 하는 말일 것입니다. 그러므로 그리스도인들은 좋은 소문을 만드는 사람들이 되어야 합니다. 남을 헐뜯고 해치려는 나쁜 소문은 잠재우고 복된 소문을 퍼뜨리는 사람들이 되어야 합니다.

몇 년 전 소문을 듣고 찾아와서 우리 교회에 등록하신 한 가정이 있었습니다. 그분들을 익산에서 삼례로 이사를 왔습니다. 어느 교회를 정할까 고민하는데 여러 사람들에게서 양정교회에 대한 소문을 들었답니다. 삼례에서 송천동이면 거리가 조금 멀기는 하지만 소문을 듣고 우리 교회에 와 보았고 첫 번 출석한 날 마음이 끌렸습니다. 재정 수입의 30%를 우선적으로 선교비에 쓰는 교회라면 소문과 같이 좋은 교회일 것이라 생각되고 예배 분위기가 살아 있고 성도들의 헌신하는 모습이 감동스러워 등록하게 되었다고 간증했습니다.

그분은 소문 듣고 우리 교회에 왔었고 소문과 다르지 않다는 느낌을 받고 등록한 것입니다. 그러므로 전도는 좋은 소문을 퍼뜨리는 것입니다. 하나님의 사랑과 예수님의 은혜에 대한 소문을 내는 것입니다.
누구든지 예수님만 믿고 영접하기만 한다면 구원받을 수 있다는 것을 소문내는 것입니다. 그리고 자신이 몸담고 있는 교회에 대한 좋은 소문을 내는 것입니다. 소문이 나쁜 교회는 부흥할 수 없습니다. 교회와 예수 믿는 사람들에 대한 소문이 나쁘면 전도가 되지 않습니다. 좋은 소문을 퍼뜨리고 그 소문과 같이 되는 교회를 만듭시다.

(2014. 2. 16)

친절은 삶의 경쟁력입니다

지난주일 밤에 목포 주안교회에 헌신예배 인도 차 갔었습니다. 우리 교회와 규모가 비슷한 교회인데 만나는 모든 이들이 한결같이 "안녕하십니까?"라고 인사말을 건네는 친절한 모습이 인상 깊었습니다. 친절, 아마도 그 교회가 부흥한 이유일거라는 생각을 했습니다. 하나님은 친절한 사람에게 복을 주시고 친절성이 넘치는 교회에 은혜를 부어주십니다.

아브라함은 지나가는 나그네에게 친절을 베풀었는데 그들은 죄악의 도시 소돔 성을 시찰하러 가는 하나님의 사자들이었습니다. 아브라함의 친절에 감동한 하나님은 소돔성 심판 계획을 아브라함에게 말씀하셨고 아브라함은 소돔성에 거주하는 조카 롯을 위한 간절한 기도를 했습니다. 하나님은 아브라함을 생각하여 롯을 멸망하는 소돔성에서 구출하셨다고 했습니다.

친절은 하나님의 은혜를 입는 통로가 됩니다. 지금 우리 사회의 얼굴은 너무나도 굳어 있습니다. 우리는 너무나도 무뚝뚝하고 딱딱하며 남을 위한 배려심이 없고 양보하지 않는 불친절의 시대를 살고 있습니다.

세계적 월간지인 《리더스 다이제스트(Reader's Digest)》는 미국, 유럽, 아시아의 35개 대도시에서 각각 시민 60명을 대상으로 '친절도'를 테스트해 보았습니다. '뒤따라오는 사람을 위해 문을 잡아주는가?', '상점에서 작은 물건을 샀을 때 점원이 고맙다는 인사를 하는가?', '혼잡한 길에서 서류 뭉치를 떨어뜨렸을 때 도와주는 사람이 있는가?' 등을 테스트했는데 뉴욕은 80%가 성공해 1위를 차지했고, 2위는 취리히 77%, 3위는 토론토로 70%였습니다. 우리나라는 40%로 32위에 머물렀습니다. 우리나라는 친절 경쟁력에서 최하위였습니다.

우리나라가 선진국이 되려면 친절한 나라가 되게 해야 합니다. 친절은 무형의 자산이며 경쟁력이기 때문입니다. 누군가에게 친절을 베푸는 것은 결코 손해 보는 것이 아닙니다. "적선지가 필유여경(積善之家 必有餘慶)"이라는 말이 있습니다. 선을 베푼 사람, 즉 친절을 베푼 사람에게 반드시 좋은 일이 일어난다는 의미입니다.

미국의 멜빈다마라는 한 청년이 허름한 차림의 노인을 발견하고 "어디까지 가시는지 모르지만 타시죠!"라고 노인을 자기 차에 태웠습니다. 어느덧 노인의 목적지에 다다랐고 멜빈다마는 노인에게 "영감님,

차비에 보태세요."라고 하며 25센트를 노인의 손에 쥐여 주었습니다.

노인은 "참 친절한 젊은이로구먼. 명함 한 장 주게나."라고 했고 젊은이는 무심코 명함을 건네주었습니다. 노인은 명함을 받아들고 "멜빈다마! 이 신세는 꼭 갚겠네. 나는 하워드 휴즈(Howard.R.Hughes, Jr)라고 하네."라는 말을 남기고 사라졌습니다.

그 후 상당한 세월이 지났을 무렵 세계적인 부호 '하워드 휴즈 사망'이란 기사와 함께 유언장이 공개되었는데 자신이 남긴 유산의 16분의 1을 멜빈다마(Melvin Dunmar)에게 증여한다는 내용이었습니다. 멜빈다마가 누군지 아는 사람은 아무도 없었지만, 유언장 이면에 유산을 상속하는 이유에 대해서 적혀 있었습니다. 그것은 멜빈다마가 자신이 평생에 만난 가장 친절한 사람이라는 것이었습니다.

친절한 사람, 이것이 유산을 남기는 유일한 이유였습니다. 하워즈 휴즈의 유산 총액이 25억 달러 정도였으니 유산의 16분의 1은 최소한 1억 5,000만 달러, 우리 돈으로 대략 1,600억 원 가량 되는 돈입니다. 무심코 베푼 25센트가 6억 배가 되어 되돌아온 것입니다.

잘못 걸려 온 전화에도 화를 내지 않고 수없이 걸려오는 짜증스러운 홍보성 전화에도 막말로 대하지 않고 적당한 언어 예절을 지킨다면 너무 바보 같은 마음일까요? 주일날 예배당에서 만나는 누구에게나 무조건 웃는 얼굴로 인사를 건네는 것은 손해 보는 일일까요?

언제나 스치는 이웃 사람들에게 미소를 짓고 아무 물건도 사지 않고 스쳐가는 손님에게도 웃음을 잃지 않고 어쩌다가 실수하고 미안해하며 어쩔 줄 몰라 하는 사람에게 따뜻한 위로와 격려를 아끼지 않는 친절이 이 사회를 참으로 행복하게 할 것입니다.

사람들의 기억에 오래 머물러 있는 사람은 좋은 옷에 짙은 화장을 한 얼굴이 아니라 바로 친절한 사람입니다. 친절성을 회복하는 한 해가 됩시다. 인사 잘하고 웃어주고 양보하고 배려하는 따뜻한 마음을 가지고 친절한 그리스도인으로 친절이 경쟁력이 되어 참 빛 예수님을 삶으로 전하는 양정인이 됩시다.

(2015. 1. 18)

선교사들의 아픔을 이해하는 사역

우리 교회는 본 교회 파송 선교사가 소속한 단체인 GMS에서 지부장이나 지역장의 책임을 맡게 될 경우 파송교회로서 그 선교사의 입지를 세워주고 책임과 역할을 잘 감당할 수 있도록 지원하는 정책을 하고 있습니다. 또 그 선교사의 임기 동안 한 차례 선교사 영성수련회를 개최하여 주는 일을 하고 있습니다. 이 정책에 따라 지난 13일부터 17일까지 담임목사의 인도로 선교사 수련회를 개최하였습니다.

지난해 필리핀 루손 북지부 지부장이 된 방시몬 선교사의 요청으로 열게 된 이번 수련회는 하나님의 부르심에 따라 필리핀에 정착한 지 30년이 넘는 베테랑 시니어 선교사로부터 6개월 차 된 신입 선교사에 이르기까지 약 23가정 40여 명의 선교사님들이 한자리에 모였습니다.

원래 루손 북지부 식구들만 모일 계획이었었는데 지역장 이승준 선교사의 특별 요청으로 필리핀 전 지역으로 확대되었고 각 지부를 대표하는 선교사님들이 함께하게 된 것입니다. 특히 필리핀 GMS 선교사들 중에 '어른'이라고 할 수 있는 30년 이상 된 선교사님들이 모두 함께 참석하여 후배 선교사들에게 감동을 주기도 했습니다.

아침 6:00 ~ 7:30분까지와 밤 7:00 ~ 9:30분까지는 담임목사의 인도로 영성 집회를 했고 오전에는 지부별 모임과 주제 토론과 서로 교제하는 시간을 가졌습니다. 그리고 오후에는 자유롭게 휴식과 쉼의 시간을 가졌습니다. 모든 시간이 은혜가 넘치는 행복한 시간이었습니다.

특히 담임목사가 인도한 영성 집회를 통해서 성령님은 사역에 지치고 곤고한 선교사들을 크게 위로하시고 격려하셨습니다. 선교사가 파송 받아 임지로 나갈 때는 확실한 비전과 충만한 사명감에 불타는 마음으로 선교지로 갑니다. 그러나 선교지에서 1년, 2년이 아닌 10년, 20년을 보내다 보면 자신도 모르게 영적인 에너지가 모두 소진되어 나태해지기도 하고 메말라지기도 합니다.

또한 선교지에서는 당장 먹고사는 문제로부터 시작해서 자녀 교육, 건강의 문제 그리고 끊임없이 사역의 결과를 보고해야 하는 부담감 그리고 파송교회가 후원을 언제까지 잘 해 줄지… 어느 날 갑자기 파송 중지 연락이 오는 것은 아닌가 하는 불안감, 후원자들이 슬며시 후원금을 끊는 것은 아닌가 하는 염려 등등. 선교사는 파송교회와 후원자들이 잘 이해하지 못하는 커다란 스트레스를 짊어지고 살아갑니다. 파

송교회와 후원자들은 이러한 선교사들의 고민과 아픔을 이해하여야 합니다.

　하나님 나라를 확장하기 위한 영적 특공대원들인 선교사들이 사단과의 전투가 치열한 최전방에서 온갖 고민과 염려 그리고 두려움 속에서 홀로 고군분투하다가 지쳐서 넘어지기도 하고 온갖 상처로 메마른 영혼이 되어 주저앉아 버린다면 어떻게 주님이 기뻐하시겠습니까? 그래서 선교사들에게 적당한 시기에 쉼이 필요하고 재충전과 훈련의 시간이 필요한 것입니다. 우리는 선교사를 보내놓고 "너 알아서 살아라." 식의 무관심으로 일관해서는 안 됩니다. 때때로 위로와 격려로 쉼과 재충전의 기회를 만들어 주어야 합니다.

　우리 교회는 선교사가 행복하게 사역하도록 돌보는 사명을 감당해야 합니다. 이것은 단지 선교비를 많이 보내고 안 보내고의 문제가 아닙니다. 선교사들의 삶과 그들이 처한 형편과 환경을 그리고 그들의 마음을 알아주고 이해하느냐의 문제입니다. 이번 수련회를 통해서 조금이라도 이러한 사역이 이루어졌다면 좋겠습니다. 이번 수련회를 위해 기도와 물질로 동역하신 성도님들을 주님의 이름으로 축복합니다.

(2015. 7. 19)

양정의 깃발을 세운 날에

시월의 첫날이었던 어제, 그토록 가물었던 땅에 가을비가 하루 종일 내렸습니다. 오늘은 비 온 뒤의 청명함이 더없이 상쾌하게 느껴지는 시월의 둘째 날 아침입니다.

지난밤 이리저리 복잡한 생각에 늦게 잠이 들어 결국 새벽 알람 소리도, 아내의 깨우는 소리도 아련히 들리는 자장가로 흘려보내고 그냥 푹 자버리고 말았습니다.

이런 날 아침은 비가 오나 눈이 오나 하루도 빠짐없이 새벽 제단에 나와서 기도하는 교우들에게 할 말이 없는 미안함이랄까 아니 누가 뭐라 하지 않아도 스스로 느끼는 찜찜함이 마음을 무겁게 합니다. 그래도 오늘 아침은 갑자기 내려간 기온 탓인지 아니면 충분히 잠을 자서인지 기분은 좀 그렇지만 몸이 거뜬하여 좋습니다.

어떤 경우에는 나름대로 자신의 실수나 허물을 합리화하는 것이 그 나름 세상을 사는 이유가 되겠지만 언제나 허물을 짊어지고 사는 인생이기에 늘 부족하고 연약함을 느끼고 특별히 사랑하는 사람들, 나의 가족 나의 동역자요 믿음의 신령한 형제자매 된 모든 양정의 식구들에게 미안함이 있습니다.

주일을 낀 4일간의 긴 추석 연휴를 끝내고 일상으로 돌아가는 바쁜 발걸음들을 보면서 우리네 삶의 진정한 휴식이 무엇일까를 생각해 봅니다.

새벽 예배 시간에 못 일어나고 잠을 자버렸을 때 몸이 편한 만큼 마음이 편하지 않습니다. 그러나 아무리 늦게 잠들어도 마음의 고삐를 바짝 조여 긴장을 늦추지 않고 하루에 3시간을 자도 새벽예배를 인도했을 때는 몸은 고달파도 마음은 편합니다. 그래서 몸이 고달프면 마음이 편하고 마음이 편하려면 몸은 고달파야 하는 딜레마에 빠지기도 하지만 가능하면 육체의 편안함보다 마음이 편한 쪽을 택하여 살아오려고 힘써왔습니다.

주님께서 우리의 인생길을 안내하실 때 가능하면 "넓고 편한 길 가지 말고 좁은 문 좁은 길"로 가라 하신 말씀을 따라 살고 싶어서 지난 29년 동안 나름대로 최선을 다하여 살아왔습니다.

어떤 사람이 말한 것처럼 젊음은 저축되는 것이 아니고 시간도 건강도 저장되는 것이 아니어서 내게 주어진 시간을 남김없이 주를 위한

양의 우물에서 퍼올린 생수 III
어떻게 생각하십니까

십자가 제단에 불태우고 싶었고 무엇을 하든지 건강한 날에 주어진 힘을 남기지 않고 그 힘이 다 소진될 때까지 최선을 다하고 싶었습니다.

내가 실력이 없고 힘이 없어서 할 수 없는 것은 못 하지만 할 수 있는 것은 덧없이 흘려보내거나 무의미하게 방치하거나 어리석게 저장해두고 싶지 않았습니다.

먼 훗날 달려갈 길 다 달렸다고 했던 바울의 고백이 나의 것이 되기를 바라는 마음으로 오직 온 힘을 기울였습니다. 그럼에도 불구하고 모자람이 많아서 부족함이 많아서 어찌할 바를 모를 때가 많습니다.

때로는 바라고 원하는 만큼 따라주지 못하는 나의 무지와 연약함, 그로 인한 크고 작은 실수와 잘못들이 앞으로 나아가려는 나의 발목에 채운 차꼬가 되어 의기소침하고 때로는 일의 우선순위와 중요성을 혼돈하여 시행착오를 겪고 산더미 같은 장애물과 얽히고설킨 복잡한 문제 앞에서 머리가 하얘지도록 아무 생각 없는 때도 있었지만 오직 내 마음과 내 영혼은 십자가의 깃발로 세워진 주님의 소원을 향한 한 방향, 한 목표만 바라보며 달려왔습니다.

믿었던 사람들, 의지했던 사람들, 내게 너무도 소중했던 사람들이 말 없이 또는 마음에 손톱자국 하나씩 남기고 떠나도 원망을 퍼붓거나 미움을 품지 않으려고 내 마음에 꽂힌 십자가 깃발 아래에서 한없이 울고 또 울었습니다.

나의 승리가 아닌 주님의 승리를 이뤄내야 했기에 참아내야 하고, 기다려야 하고 품어야 했던 날들이었습니다. 그리고 그때마다 그 십자가의 사랑 그 십자가의 은혜가 내 맘을 적시고 용기를 주셔서 오늘 내가 여기에 있습니다.

이제 다시 맞는 스물아홉 번째 양정 깃발을 세운 날에, 그리운 사람들, 맘에 가득 채운 지울 수 없는 사랑하는 사람들의 모습을 떠올리며 함께 가야 할 길, 함께 꾸어야 할 꿈, 함께 이뤄야 할 승리 그리고 함께 받을 면류관을 그려봅니다.

(2015. 10. 4)

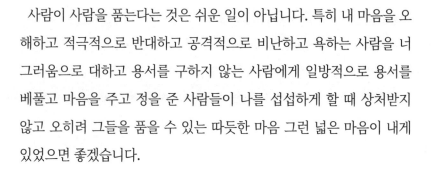

포용의 인격

사람이 사람을 품는다는 것은 쉬운 일이 아닙니다. 특히 내 마음을 오해하고 적극적으로 반대하고 공격적으로 비난하고 욕하는 사람을 너그러움으로 대하고 용서를 구하지 않는 사람에게 일방적으로 용서를 베풀고 마음을 주고 정을 준 사람들이 나를 섭섭하게 할 때 상처받지 않고 오히려 그들을 품을 수 있는 따듯한 마음 그런 넓은 마음이 내게 있었으면 좋겠습니다.

적어도 그렇게 되려고 애쓰지만 잘 안되는 것은 아직도 나의 입술은 주님 닮은 듯하고 생각은 주님 따라가는 것 같지만 현실에서의 나는 여전히 연약하고 부족하며 욕심과 이기심에서 벗어나지 못하고 있기 때문입니다. 그래도 다시 주님의 은혜의 보좌를 바라봅니다. 나를 부르신 주님의 은혜, 나를 향하신 주님의 계획, 그 놀랍고 아름다운 섭리 앞에 나를 비춰봅니다.

옛날 중국의 초나라 시대에 장왕이라는 장군이 있었습니다. 어느 날 전쟁에 크게 승리한 장왕 장군은 휘하의 장수들을 위로하고 격려하기 위해서 잔치를 열었습니다. 그리고 잔치가 무르익을 즈음에 갑자기 불어온 바람에 호롱불이 꺼져서 장내가 캄캄하게 되었습니다. 그 어둠을 틈타 술에 취해 있던 한 장수가 장왕 장군의 애첩을 껴안아 버리고 말았습니다. 당황한 애첩은 그 장수의 투구를 잡아 벗겨 들고 큰 소리로 "투구를 벗고 있는 자가 나를 희롱하려 했으니 당장 불을 켜고 그 자에게 벌을 내려 주십시오."라고 소리쳤습니다.

그 순간 흥겹던 잔치 분위기는 얼음처럼 싸늘하게 식었습니다. 애첩의 말을 들은 장군은 잠시 생각에 잠겼습니다. 얼마간의 침묵이 흐르고 장군은 조용히 입을 열어 "아직 불을 켜지 말고 모든 장수들은 자기 투구를 벗어 앞으로 던지라. 그리고 난 다음 불을 켜거라."라고 말했습니다.

장왕 장군은 부하 장수 한 사람의 실수를 포용하는 너그러움으로 그 상황을 반전시키고 상대를 감동시키는 리더십을 발휘했던 것입니다. 옛말에 "힘 잘 쓰는 역장(力將)보다 머리를 쓰는 지장(智將)이 낫고 지장보다 인품 좋은 덕장(德將)이 더 낫다."는 말도 있습니다. 너그러운 인품이 그 어떤 지혜보다 또는 무력보다 더욱 강하고 능력이 있다는 것입니다. 성경은 '온유한 사람이 땅을 기업으로 얻을 것'이라고 말했습니다. 온유함은 왠지 힘없고 무능해 보입니다. 그러나 그 어떤 힘이나 권력보다도 더 강력한 힘이 있습니다. 상대방을 감동시키는 놀라운 힘으로 영향력을 행사하는 것이 온유한 인품이기 때문입니다.

무력은 상대방을 순간적으로 굴복시킬 수 있을지 몰라도 감동을 주지는 못합니다. 그러나 온유한 인품은 원수도 감동시킵니다. 굴복당한 사람은 보이는 곳에서는 복종하지만 안 보이는 곳에서는 욕하고 이를 갈며 원수 갚을 궁리만 합니다. 그러나 감동받은 사람은 기쁨으로 순종하며 어떤 경우에도 배신하지 않습니다.

한때 "내 사전에는 불가능이란 없다."라며 세계 정복을 꿈꾸던 나폴레옹(Napoléon I) 황제는 '워털루' 전투에서 패하고 무인도에 유배되었을 때 "나는 막강한 군대의 힘을 가졌어도 세계 정복에 실패했고 나사렛 예수는 오직 온유함으로 온 세상을 정복한 승리자가 되었다."라고 부르짖었다고 합니다. 예수님이 세상을 이기고 승리한 능력 그 에너지가 바로 온유함이었습니다.

바울은 너희 안에 '예수의 마음'을 품으라고 외칩니다. 그리고 예수님은 "나는 마음이 온유하고 겸손하다."(마 11:29 참조)라고 말씀하셨습니다. 그래서 교회 안에서는 예수님의 마음과 인격을 배우고 삶의 현장에서는 예수의 마음을 나타내어야 하는 것입니다. 그런데 많은 그리스도인들은 아직도 예수님의 마음과는 상관없는 삶을 삽니다. 여전히 혈기와 고집과 이기심과 조급함으로 교회 출석은 하지만 예수의 성품과는 먼 거리에 있습니다. 그 결과 그리스도인들에게서 예수의 따듯하고 온유한 마음을 느끼기 원했던 많은 사람들이 실망하고 교회를 떠나며 심지어 손가락질하고 욕하는 현실이 되었습니다.

아무리 귀한 보석이라도 쓰레기통에 담겨 있으면 그 가치와 상관없이 쓰레기 취급을 받습니다. 지저분하고 더러운 인격, 과격하고 혈기 잘 내는 인격, 고집스럽고 자기만 아는 이기적인 인격 때문에 우리가 가진 믿음의 가치와 그리스도가 쓰레기 취급을 받는다면 이것이야말로 하나님께 큰 죄를 짓는 것입니다.

오늘날 그리스도인들에게 필요한 것은 예수님의 인품 즉 포용의 인품을 닮는 것입니다. 예수님이 허물 많은 나를 용서하여 품어 주셨듯이 포용의 인격으로 찌르는 가시와 원수도 품을 수 있는 온유한 인품으로 변화 받기를 위해 기도합시다.

(2016. 6. 26)

창의 끝 (The end of the spear)

　남미의 에콰도르 아마존 강 유역에 사는 인디언인 와다니 족에 최초로 선교 활동을 펼치던 미국 선교사들의 이야기를 그린 '창(槍)의 끝 (The end of the spear)'이라는 영화가 있습니다.

　와다니 부족은 창을 잘 쓰고 용맹한 부족으로 그들에게는 전통적으로 내려오는 악습이 있었습니다. 그것은 복수(復讐)입니다. 아버지의 원수를 아들이 갚아야 합니다. 복수를 하는 것이 그들에게는 선이요 정의였습니다. 그래서 부족 사이에 서로 죽이는 피의 악순환이 끊이질 않았습니다. 복수는 또 다른 복수를 낳기 때문에 수 없는 사람들이 죽어갔습니다. 결국 와다니 족은 서로 죽고 죽이다가 멸망의 위기에 처했습니다.

　이때 미국의 젊은 선교사들 몇 명이 이 부족에게 복음을 전하기 위해 아마존의 울창한 밀림 속으로 들어갑니다. 그들은 경비행기를 이용하여 부족이 사는 곳을 발견하고 그들에게 접근하기 위해 비행기에서 밧줄에 바구니를 달아매어 그것으로 구호품을 떨어트려 줍니다. 그리고 저공비행하며 "우리는 당신들의 친구다."라는 메시지를 전합니다. 그렇게 몇 차례 부족 사람들과의 접촉에 성공한 후 선교사들은 이 부족 사람들을 직접 만나기 위해 정글로 들어가기로 작정합니다.

부족을 만나러 가는 날 젊은 선교사 네이트가 사랑하는 아내와 아들에게 작별의 인사를 나누는 장면에서 아들이 "와다니 족이 공격하면 아빠는 방어하실 거죠. 아빠는 총을 쏠 건가요?"라고 불을 때 네이트 선교사는 "아들아 우리는 와다니 족에게 총을 쏠 수 없단다. 그들은 천국에 들어갈 준비가 안 되었잖니? 우리는 준비가 되었지만…"이라고 말합니다. 그리고 아들 스티비는 아빠의 죽음을 예견한 듯 이륙하는 경비행기 뒤를 쫓아 달립니다.

젊은 선교사 로져, 에드, 네이트 이들은 비행기로 정글 깊숙한 강가의 모래톱에 내렸습니다. 처음에는 부족 사람들과 대화가 될 듯하다가 갑자기 돌변한 와다니 족 청년들이 순식간에 선교사들에게 달려들어 창을 던집니다. 순간적으로 일어난 일이라 도망칠 겨를도 없이 창에 맞은 네이트 선교사는 허리에서 권총을 빼 들었지만 총구를 와다니 족 청년들에게 겨누지 않고 하늘을 향해 겨누고 총을 쏘았습니다. 그리고 결국은 젊은 선교사 4명이 다 쓰러져 순교했습니다.

이 젊고 유능한 선교사들의 죽음은 헛된 죽음과도 같았습니다. 그래서 미국교회에서 그들의 죽음을 어리석은 죽음으로 평가 절하하는 사람들도 있었습니다. 그러나 하나님은 이들의 죽음을 헛되게 두지 않으셨습니다. 얼마의 시간이 지난 후 이들에게 복음을 전하려다 무참하게 살해당한 선교사들의 부인들이 나섰습니다. 그들은 또다시 살해당할 위험을 무릅쓰고 정글 속 마을로 들어갑니다.

와다니 부족 사람들은 선교사들을 나무벌 족이라고 했습니다. 그건 경비행기를 타고 왔다고 하여 붙여진 이름입니다. 선교사들의 부인들이 부족 마을에 들어가서 복음을 전할 때 선교사들을 죽이는데 앞장섰던 키드라는 청년이 "나무 벌을 타고 온 남자들은 왜 우리들에게 총을 쏘지 않았느냐?"라고 묻습니다. 그때 선교사의 부인들은 "하나님에게는 아들이 있었는데 그는 사람들에게 찔려 죽으셨다. 그러나 그는 복수하지 않으셨다. 그럼으로 그를 찌른 사람들이 후에는 옳게 살게 하려고 그러셨다."라고 대답합니다.

결국 와다니 족은 복음을 받아들였고 처절한 복수의 악순환은 끝나고 말 그대로 창을 쓰지 않는 창의 끝이 왔습니다. 부족 전체가 복음을 받아들였을 뿐 아니라 네이트 선교사를 죽였던 키드는 나중에 교회의 지도자가 되었습니다. 예수로 말미암아 복수의 끝 즉 창의 끝이 왔고 평화가 오게 된 것입니다. 그 영화를 보면서 네이트 선교사와 아들 스티비 사이에 나눈 대화 "그들이 우리를 죽이려 해도 총을 쏠 수 없다."

는 말이 저의 가슴을 계속 아리게 합니다.

　진정한 그리스도인은 복음을 위해서 내가 큰 손해를 보고 큰 어려움을 당한다 할지라도 다른 사람을 향해 총을 쏠 수 없습니다. 복음은 나를 희생할 때 능력 있게 전파되는 것입니다. 헌신 없이 복음이 전파되지 않습니다. 헌신과 희생 없이는 교회도 부흥할 수 없습니다. 하나님은 오늘도 헌신의 일꾼을 찾으십니다. 양정교회는 선교하는 교회입니다. 에벤에셀 비전센터를 건축하는 것도 선교 때문입니다. 교회가 선교에 헌신하고 있습니다. 우리의 헌신을 받으시고 주님의 소원인 땅 끝 선교 비전을 반드시 이루실 것을 믿습니다.

(2016. 11. 6)

회복의 사역

뉴욕 서광교회 내 나이스크(Nyskc) 국제 본부가 있는 곳에서 열리는 워크숍에 참석하기 위해 지난 월요일 전주, 광주, 대전 임원들이 왔습니다. 전주 본부 임원 9명과 함께 아시아나 222편에 몸을 싣고 자다가 깨다가 졸다가 하면서 지루한 비행 끝에 미국 동부에 위치한 금융의 도시 뉴욕 '존 F 케네디' 공항에 내렸습니다. 월요일 오전에 출발하여 꼬박 13시간을 달려왔는데도 14시간의 시차로 인하여 뉴욕은 여전히 월요일 오전이었습니다.

공항에 마중 나온 본부 관계자들의 영접을 받아 뉴욕 서광교회에 도착하였습니다. 서광교회는 나이스크 대표 회장이신 최고센 목사님이 개척하여 목회하시면서 나이스크를 움직여가는 교회입니다. 새벽 5시에 기상하여 7시까지 새벽 예배와 개인 기도로 시작한 하루 일과가 끝나고 숙소로 돌아오니 10시 30분이 되었습니다. 모두 중견 목회자들인 우리가 이제 갓 입대하여 훈련받는 초년병처럼 훈련을 받았습니다. 식사하는 시간을 빼놓고 계속되는 강의는 훈련 그 자체였습니다.

  나이스크는 한 마디로 말하면 무너진 예배를 회복하자는 운동입니다. 현대 그리스도인들에게 종교 형식과 외식은 남아있지만 삶으로 드려지는 진정한 예배는 무너져서 하나님의 은혜로부터 멀어질 뿐 아니라 세상으로부터도 외면받는 시대에 살고 있습니다. 하나님께서는 그의 택한 백성들이 이미 허락된 모든 신령한 복과 아름다운 것들을 풍성하게 누리기를 원하셨지만 인간은 근본적으로 하나님을 떠남으로써 모든 것을 다 잃었습니다. 결국 수고와 슬픔뿐인 세상이 되었습니다.

  하나님은 이러한 인간들을 위해 구세주를 보내셨고 그가 십자가에 죽으심으로 인류에게 임한 모든 저주를 거두어주셨습니다. 그럼에도 사람들은 여전히 죄 가운데 있고 그 죄의 결과로 시기와 갈등 중에서 평안이 없는 불행한 삶을 살고 있습니다. 그러나 하나님은 포기하지 않으시고 다시금 형상을 회복하여 하나님 자신의 기쁨이 되게 하실 뿐 아니라 인간들에게 허락하신 모든 본질적인 축복이 누려지기를 원하셨습니다. 나이스크는 예배 회복 운동입니다.
특히 하나님과의 관계가 회복되면 모든 것을 다 회복할 수 있다는 정신을 가지고 출발합니다. 그래서 나이스크는 예배 회복을 위해 5가지 신앙생활 신조를 제시합니다.

첫째는 새로운 삶(New life)입니다. 이 새로운 삶은 영혼의 호흡인 기도를 통해서 이루어지기 때문에 새벽 기도를 강조합니다. 실제로 서광교회의 새벽 기도는 그 자체가 놀랄 만한 일이었습니다. 숫자가 많이 나와서가 아니라 시작 시간 30분 전에 전 교인들이 강단 앞에 나와 무릎을 꿇고 뜨겁게 부르짖으며 기도하는 것을 보면서 그 영적 파워에 내 마음이 떨릴 정도였습니다.

둘째는 영혼의 양식(Yielding for manna)입니다. 영혼의 만나는 하나님 말씀입니다. 그래서 나이스크는 성경 애독과 설교를 매우 중요하게 인식하고 강조합니다.

셋째는 성도의 열매(salvation for one by one)입니다. 새 생명을 얻고 영혼의 양식을 공급받는 영혼은 자연히 개인 전도를 하게 되어 성도의 열매를 맺게 됩니다. 그래서 나이스크는 개인 전도를 중요하게 생각합니다.

넷째는 성령의 교통(Keeping for LORD's Day)입니다. 성령의 교통은 주일을 주님께 돌려 드리는 것을 의미합니다. 성수주일은 그리스도인들이 성령의 하나 되게 하심을 이루는 성령의 교통을 의미하기 때문입니다.

다섯째는 축복의 도리(Complete Offering)입니다. 사람이 새 생명을 얻고 영혼의 양식을 먹으면 그의 삶 속에 생명의 열매가 나타나는 은혜를 누리게 되어 자연적으로 온전한 십일조를 드릴 수 있습니다. 십일조를 드리는 것은 회복된 영혼으로서 하나님께 대한 도리를 다하는 것을 의미합니다.

인류문명은 끊임없이 하나님 없는 지상 천국을 만들어 보려고 노력했지만 이 세계는 여전히 병들고 늙고 죽으며 서로 시기 질투로 물고 뜯는 세상, 온갖 테러와 전쟁으로 한순간도 평안이 없는 두려운 세상이 되어가고 있습니다. 이런 현상들은 영적 전쟁입니다. 사단이 공중권세 잡은 자로 역사하는 이상 이 세상에 지상 낙원은 건설되지 않습니다. 하나님이 지으신 우리가 인간의 본질에서 멀어질 때 이 세상은 말 그대로 지옥이 되고 맙니다. 하나님이 지으신 바대로 그 형상을 회복하여야 합니다. 하나님과의 관계 회복을 통해서 만이 이 땅에 하나님 나라가 이루어지는 것입니다.

(2016. 11. 13)

행 복

　사람의 마음은 아무리 채워도 만족이 없습니다. 만족이 없기에 늘 허전하고 공허하고 고독하고 외롭습니다. 많은 것을 가지고도 만족함이 없으면 그는 불행한 사람입니다. 그러나 작은 것을 가지고도 만족하면 그는 행복한 사람입니다.

　사람들에게는 누구에게나 '가진 것'과 '주어진 것'이 있습니다. 가진 것이란 어떤 대가를 지불하고 얻은 것을 의미합니다. 그러나 주어진 것은 누구에게나 아무런 대가 없이 동등하게 베풀어진 흔하지만 소중한 것을 의미합니다.

　재산이나 물질이 자신의 노력으로 '가진 것들'이라면 햇빛과 공기 같은 것들은 '주어진 것들'입니다. 그런데 진정 우리의 삶을 풍족하고 아름답게 하는 것은 많은 소유, 즉 가진 것이 아닙니다. 누구나 누리고 있는 '주어진 것'들의 혜택에 달려 있습니다.

옛날 어떤 나라에 임금님이 있었습니다. 그런데 임금님은 호화롭고 높은 대궐에, 수많은 신하들과 하인들을 거느리고 천하를 호령하는 자리에 있으면서도 언제나 마음에 걱정 근심이 늘 가득하여 평안함이 없었습니다. 늘 근심과 걱정에 마음이 편치 않는 수심(愁心)병에 걸린 것입니다. 임금은 자신의 병을 고치기 위해 그 나라에서 최고 유명한 의원을 불렀습니다.

의원이 임금의 병에 대한 처방을 내렸습니다. 그 처방은 세상에서 가장 행복한 사람의 속옷을 구하여 입기만 하면 낫는다는 것이었습니다. 왕은 신하들로 하여금 온 나라를 다 뒤져서 가장 행복한 사람을 찾아오게 하였습니다. 신하들은 가장 행복하다고 판단되는 한 나무꾼 부부를 찾아내어 임금 앞으로 데려왔습니다.

임금은 "그대들의 속옷을 입으면 내가 행복해진다고 하여 그대들을 데려온 것이니 그대들의 속옷을 나에게 달라. 그러면 큰 상을 내릴 것이니라."라고 말했습니다. 이 요구에 나무꾼 부부는 아주 난처한 표정으로 낯을 붉히며 황송해 했습니다. 그리고 "폐하 죄송합니다만, 저희들은 너무 가난하여 속옷이 없고 그저 겉옷만 입고 사나이다."라고 말했다고 합니다.

속옷도 못 입을 정도로 가난한 이 부부는 주어진 것만으로 행복을 누리는 사람들이었습니다. 이들이 진정한 부자가 아닐까요? 호화로운 저

택, 엄청난 재산을 갖고 있지는 않아도 하나님이 우리에게 이미 주신 '주어진 것'들이 있습니다. 항상 값없이 마시는 공기, 물, 언제나 따스한 햇볕, 서로 의지하고 사랑하며 살아가는 가족, 그리고 함께 어우러질 수 있는 이웃들이 있습니다. 이것들은 내가 노력해서 얻은 것들이 아닙니다. 이미 주어진 것들입니다.

으리으리한 왕궁에 살아도 이미 주어진 것들의 소중함을 알지 못하면 그는 불행한 사람입니다. 그러나 자신에게 이미 주어진 것들에 대한 감사가 있으면 그는 행복한 사람입니다. 하나님은 인간의 행복을 위하여 그 아들 예수를 십자가에 죽게 하셨습니다. 그가 죽으심으로 구원의 문이 열렸습니다. 이미 열린 구원의 문으로 들어오는 자가 진정 행복한 사람입니다.

구원은 자신의 노력으로 얻어지는 것이 아닙니다. 예수 그리스도를 통해서 이미 주어진 것을 믿음으로 받아들여 누리는 것입니다. 우리의 행복을 위해 예수님이 고난을 받으신 것입니다. 우리의 나음을 위해 채찍에 맞으셨고 우리의 용서를 위해 가시에 찔리고 십자가에 못 박히셨습니다. 예수 그리스도의 고난으로 인하여 우리가 누리는 이 은혜를 깨닫고 감사하는 자가 가장 행복한 사람입니다.

(2017. 2. 26)

내 목회 사역의 꿈

우리 교회의 이름 양정(羊井)은 '양의 우물'이라는 뜻입니다. 목자 되신 예수님께서 지치고 고단한 양 떼들에게 생수를 공급하는 장소라는 의미에서의 우물을 의미합니다. 그래서 양의 우물은 포근한 목자의 가슴이며 갈급한 영혼들에게 생수의 젖줄입니다.

저는 개척 당시부터 교회 명칭이 갖는 의미를 살리는 목회 철학을 실천하려고 힘썼습니다. 욕하는 자를 함께 욕하지 않았으며 비난하는 자를 함께 비난하지 않았고 공격하는 자에게 인간적으로 대항하지 아니했습니다. 다만 그들이 스스로 깨닫고 돌이킬 때까지 기다렸습니다. 오해하고 의심하며 싫다고 떠나는 사람을 속으로라도 원망하거나 비난하지 않았습니다. 뒤돌아 돌아서는 사람을 위해 복을 빌었고 떠나는 사람을 위해 은혜를 구했습니다.

주님이 허락한 양 무리를 치는 목자의 심정으로 찌르는 가시라도 품고 들이받는 염소라도 안고 나 자신과 싸우며 여기까지 왔습니다. 때때로 내가 짊어진 사명이 버거워짐을 느낄 때 하나님 앞에 나 자신을 복종시키기 위해 금식하며 매달렸습니다.

시간이 흘러가면서 우리 교회가 세상에 대해서 구조선이 아닌 희희낙락하는 유람선이 되어가는 조짐 앞에 두려워하며 교회의 본질적 사명에 충실하기 위해 몸부림쳐 왔습니다. 목회를 위한 목회가 아닌 섬김을 위한 목회, 부흥을 위한 부흥이 아닌 더 가난해지기 위한 부흥을 꿈꾸며 목회를 해 왔습니다. 주님의 은혜로 한 가정으로 시작한 교회가 출석교인 천 명을 바라보는 교회로 부흥했습니다. 이러한 부흥은 온전히 하나님의 은혜요 축복이며 또 다른 사명을 감당하라는 메시지가 담긴 부흥입니다. 교회의 본질적 사명인 섬김과 선교에 충실하며 주님 오실 때까지 이 사명을 감당할 것입니다.

하나님은 우리 교회가 가진 부흥의 비전을 확실하게 보여 주시기 위해서 교회 주변의 환경을 급격하게 변화시켜 주셨습니다. 35사단이 이전하고 그곳에 13,000세대가 입주하는 신도시 에코 시티가 건설되고 있습니다. 그리고 에코시티 바로 앞에 천마지구 도시개발 계획이 확정되었습니다. 앞으로 우리 교회 주변은 엄청난 변화를 겪게 될 것입니다. 에코시티 입주를 시점으로 인구가 거의 두 배 정도로 늘어날 것입니다.

하나님께서는 이때를 예비하시고 신도시 앞 천마지구 안에 새로운 부지를 구입하게 하셨습니다. 그리고 그곳에 새 예배당을 신축하여 이전할 수 있는 길을 마련하여 주셨습니다. 우리는 지금까지 하나님이 일하신다는 사실에 대해 누구도 의심할 수 없을 정도의 확실한 증거를 받았습니다. 인간의 계획과 구상이 아닌 하나님의 적극적인 개입과 기적의 역사로 말미암아 여기까지 진행되었다는 사실에 대해 그 누구도 부인할 수 없습니다.

무엇보다 중요한 것은 하나님이 가장 부족하고 연약한 우리들을 사용하시기를 원하신다는 것입니다. 그것은 우리가 의심하고 불평하고 있을 때도 하나님은 변함없이 함께하셨고 믿음이 부족하여 주저하고 있을 때는 기적 같은 일들을 통해 우리의 등을 밀어 사용해 주심을 통해서 알 수 있습니다. 이제 하나님은 마지막에 영광을 거두시는 그 결말에 우리를 축복의 한복판에 세우시기를 원하고 계십니다.

문제는 우리의 믿음입니다. 하나님은 이 일을 통해 하실 수 있는 모든 준비를 다 하시고 우리의 믿음의 크기와 믿음의 분량을 보기를 원하시고 계십니다. 양정교회 성도들은 각자 하나님 앞에 자신의 믿음을 보여드려야 합니다. 아브라함을 축복하시기 전 그의 믿음을 알아보실 요량으로 이삭을 바치라고 하셨던 것처럼, 우리에게 한량없는 복을 부어 주시기 전에 우리의 믿음의 크기를 헌신을 통해 나타내 보이시기를 원하시는 것입니다.

최근 교회마다 부흥이 멈추고 마이너스 성장을 기록하고 있다고 하지만 교회가 교회다움과 건강성을 잃지 않으면 교회는 결코 침체되지 않습니다. 교회는 그리스도가 주인이시며 하나님이 세우신 영적인 공동체이기 때문입니다.

  안으로는 화목하고 밖으로는 본질적인 사명인 섬김과 나눔에 부요하고 지도자인 목사의 건전한 목회철학과 성령 충만한 영성이 뒷받침된다면 교회는 그 자체로 생명력이 약동하게 되어 있습니다. 그것은 하나님께서 풍요 속에서도 갈급하고, 온갖 누림 가운데도 마음이 메마른 이 시대의 고달픈 사람들에게 진정한 쉼과 누림을 얻게 할 수 있는 생명력을 교회에만 주셨기 때문입니다.

  저는 지금까지 우리 교회의 부흥이 세속적이며 물질적으로 비대해지는 것이 아닌 교회다움과 신령한 것이 목적이 되는 목회, 부흥할수록 시대적 소명과 책임을 감당하는 교회를 꿈꾸며 목회해 왔습니다.

  나만 배부르고 편안하면 된다는 이기적이고 자아 중심적인 목회가 아닌 더 많이 책임지고 더 많이 섬기자는 목회 철학으로 여기까지 달려왔습니다. 성장할수록 좁은 길 가고 부흥할수록 더 가난해져서 선교적 소명을 이루는 이러한 내 마음에 주신 목회의 꿈을 이루게 하시기를 간절히 기도합니다.

  (2017. 3. 5)

바자회, 양정인 신앙 축제

벌써 10월의 중순을 넘어가 가을이 익어가고 있습니다. 추수를 마친 논두렁에서는 떨어진 낟알 하나라도 더 주우려고 들쥐와 참새 그리고 이름 모를 작은 새들이 바삐 움직이고 밤나무, 상수리나무, 도토리나무 아래 나뒹구는 한 톨 양식을 위해 다람쥐, 청설모의 움직임이 바쁜 걸 보니 머지않아 된서리가 내리고 단풍이 낙엽으로 뒹굴고 살얼음 어는 추운 겨울이 다가올 것입니다.

저는 사계절이 뚜렷한 우리나라가 내 조국이라는 것이 참 행복합니다. 철마다 모습을 달리 하는 강산의 아름다움이 있습니다. 뜨겁고 무덥던 여름이 가고 이렇게 시원하고 선선한 바람과 오곡백과 알알이 영글어 가난한 마음까지 풍요롭게 하는 가을이 있습니다.

코끝을 매섭게 에고 대지를 꽁꽁 얼어붙게 하는 북풍한설에도 가슴을 활짝 펼쳐 서로를 보듬다 보면 어느덧 온화한 바람이 불어와 얼어

붙은 산하가 녹고 따듯한 햇살 아래 연둣빛 새싹이 돋아나며 움츠렸던 대지가 어깨를 활짝 펴고 온통 초록 생명으로 가득 채우는 봄, 그 봄이 오는 나라, 철마다 옷을 고쳐 입고 철마다 새로운 다짐과 결심으로 삶을 발전시키며 창조의 섭리에 담긴 모든 은혜를 어김없이 해마다 누리게 하는 나라, 그래서 저는 우리나라 금수강산이 너무나도 좋습니다.

설악산부터 시작되는 단풍의 계절, 남쪽 지방은 아직 이르기는 하지만 이미 가로수 은행잎이 노란색으로 물들기 시작했고 단풍나무 가지 끝 잎 자락부터 붉은 빛깔의 채색이 시작된 것을 보니 머지않아 완연한 가을 단풍의 축제가 펼쳐질 것 같습니다.

계절이 바뀌면서 나이 먹는 것이 서러운 사람들도 있겠지만 나이 먹는 것은 늙어가는 것이 아니라 익어가는 것이라는 어느 시인의 고백처럼 또 이렇게 한 계절이 가면서 우리네 인생도 더 풍성하고 더 여유롭게 그리고 더 아름답게 익어가는 삶이 되었으면 좋겠습니다.

그리스도인들은 성숙을 향해 끊임없이 성장하는 존재들입니다. 예수 그리스도의 인격을 배우고 그의 삶을 따라가며 그분을 자기 삶의 주인으로 모시고 하늘의 소명에 따라 순명의 삶을 살아야 하는 것입니다. 명목상의 신자에서 그리스도의 뒤를 따르는 진정한 제자로 성숙해야 합니다. 한해 두해 나이를 먹어가고 신앙 연수가 더해질수록 삶에서 그리스도의 향내가 풍겨 나와야 합니다. 심장은 예수 그리스도의 마음을 담은 용광로가 되어 끓어오르는 열정으로 서로 사랑하고 얼굴은 예수의 모습을 그려내는 도화지가 되어야 합니다. 눈은 당장 눈에 보이는 이익이 아닌 영원한 것의 가치를 볼 줄 아는 시력을 가져야 하고 손과 발은 넓고 넓은 세상을 향해 하늘의 비전을 써 내려가는 필기구가 되어야 합니다.

우리 교회가 해마다 두 번씩 갖는 바자회는 이러한 신앙훈련의 연습장이요 실습장입니다. 그래서 우리 교회 바자회는 단순히 음식을 팔고 물건을 팔아서 얼마간의 수익금만 생각하는 그런 바자회가 아닙니다. 저는 우리 교회 바자회를 '신앙예술축제'라고 정의하고 싶습니다.

이틀 동안 좁은 공간에 전 교인이 함께 바자회장을 찾는 수많은 손님과 어우러져서 일을 하다 보면 때로는 의견 차이, 생각 차이나 또는 어떤 오해로 인하여 갈등이 생기고 다툼이 일어날 수 있습니다. 그러나 그 순간에 평소 배우고 믿었던 우리의 신념과 신앙의 가치를 적용하고 실험해 보는 기회인 것입니다.

양정인의 성품, 친절성, 정직성, 헌신성을 실습하는 훈련장입니다. 화목, 일치, 선교라는 우리의 가치를 이루기 위해 먼저 양보하고 먼저 섬겨주고 먼저 나눠주는 모습, 그리고 서로 의견과 생각이 달라서 다툼이 일어날 때 혈기를 부리지 않고 내가 먼저 양보하고 져주는 '꼬리 내림'의 원리를 따라 십자가의 정신을 실천하는 것입니다. 육체는 비록 고되고 힘들어도 마음은 행복하고 수고의 보람을 느끼며 숫자로 계산

할 수 없는 엄청난 무형의 이익을 남기려는 목적이 바자회에 있습니다.

세월이 흐르면 전통이 생깁니다. 저의 소원은 아름다운 전통이 역사가 되는 교회를 만드는 것입니다. 주님이 가장 기뻐하시는 아름다운 전통이 있는 교회를 만들고 싶습니다. 세월이 흐르고 역사가 아무리 많이 쌓여도 우리의 후손들이 함께 공감하고 지켜나갈 아름다운 성경적인 전통, 그것은 화목입니다.

서로 연합하고 동거하여 만들어가는 아름다운 역사, 화목의 역사를 만들어 가야 합니다. 제32차 바자회도 또 하나의 기념 비석이 되고 아름다운 역사의 한 페이지가 되었습니다. 수고하고 애쓴 양정의 모든 동역자들에게 칭찬과 상급이 있을 것입니다. 이 일에 수고한 모든 이들에게 주의 놀라운 위로가 충만하게 임하기를 축복합니다.

(2017. 10. 15)

감사는 또 다른 감사를 낳는다

오프라 윈프리(Oprah Gail Winfrey, Oprah Winfrey)는 가난한 흑인 사생아로 태어났습니다. 그녀는 9세 때 사촌 오빠에게 강간을 당했고, 14세 때 그 자신이 미혼모가 되었고 마약 복용으로 수감되기도 했습니다.

어린 시절 성장 배경은 최악이었습니다. 그럼에도 불구하고 2003년 〈포브스〉가 선정한 갑부 대열에 오른 첫 흑인 여성이자 미국방송 VH1 선정 '가장 위대한 대중문화 아이콘 200선'에서 당당히 1위를 차지하기도 했습니다. 타임지는 그녀를 미국을 움직이는 가장 영향력 있는 인물 100명 중 1위로 선정했습니다.

그녀의 영향력은 상상을 초월합니다. 출판업계의 미다스로 불리기도 했습니다. 그녀가 괜찮다고 추천하는 책은 순식간에 베스트셀러가 되어 '오프라 현상'을 일으키고 그녀가 가난한 보육원을 방문해 그곳에

도움이 필요하다고 10초만 이야기하면 다음 날 수십억의 기부금이 들어오는 기적이 일어나기도 했습니다.

그녀의 삶이 변화된 것은 14세 때 임신한 상태에서 친부에게로 보내지면서부터입니다. 친부와 양어머니는 따뜻한 보살핌과 함께 생활의 엄격과 규칙을 그녀에게 요구했고 성경을 읽으며 매일같이 감사의 일기를 쓰게 하였습니다.

성경을 읽으면서 예수 그리스도를 영접하게 되었고 예수님을 영접하면서 그녀의 생각과 가치관이 바뀌었습니다. 비록 처음에는 부친의 강요에 의해서 성경을 대하게 되었지만, 하나님은 성경의 말씀을 통해서 그의 삶을 변화시켜 주셨습니다. 하나님의 말씀은 그녀의 불행했던 과거를 원망과 분노가 아닌 사명으로 받아들이게 하였던 것입니다. 그녀가 후일 자신의 변화된 삶에 대한 가치를 정의하여 다음과 같이 말하였습니다.

"남보다 더 가졌다는 것은 축복이 아니라 사명이다. 남보다 더 아파하는 것이 있다면 그것은 고통이 아니라 사명이다. 남보다 더 설레는 꿈이 있다면 그것은 망상이 아니라 사명이다. 남보다 부담되는 어떤 것이 있다면 그것은 짐이나 문제가 아니라 사명이다."

자신에게 주어진 삶을 그것이 불행이든 행복이든 사명으로 알고 살아가는 사람의 마음에는 하늘의 빛이 비추입니다. 더 이상 어둠은 사라지고 감사의 기쁨이 넘치게 되는 것입니다.

그녀는 예수님을 영접한 이후로 하루하루의 삶을 하나님이 내려주신 사명으로 알고 감사함으로 살아가면서 그 내용들을 일기에 적었습니다. 아주 거창한 감사가 아니어도 일상의 소소한 일들에서 감사의 제목을 찾아서 적었습니다.

예를 들면 "오늘도 거뜬하게 잠자리에서 일어날 수 있어서 감사합니다. 그리고 유난히 눈부시고 파란 하늘을 보게 해주서서 감사합니다. 점심때 맛있는 스파게티를 먹게 해주셔서 감사합니다. 또한 얄미운 짓을 한 동료에게 화내지 않는 참을성을 주셔서 감사합니다. 좋은 책을 읽었는데 그 책의 작가에게 감사합니다." 등등입니다. 지금도 세계에서 가장 바쁜 사람 중의 한 사람이지만 매일 감사 일기를 쓰는 습관을 가지고 있다고 합니다.

하나님의 말씀은 살아 있고 운동력이 있습니다. 하나님은 오프라를 변화시켜서 감사의 사람으로 만들었습니다. 하나님은 어떤 사람이든 변화시키셔서 사용하시기를 원하십니다. 하나님의 은혜는 작은 것에 감사하면 더 큰 감사를 할 수 있게 하십니다.

오프라를 사랑하시고 붙들어주신 하나님은 오늘 우리에게도 함께하십니다. 자신의 삶이 어떠하든지 주님이 주신 사명으로 받아들이고 감사하며 살아갈 때 하나님은 오프라 윈프리의 기적을 오늘 우리에게도 주실 것입니다.

유대인의 지혜서인 탈무드에 "세상에서 가장 지혜로운 사람은 배우는 사람이고, 세상에서 가장 행복한 사람은 감사하며 사는 사람이다."라는 말이 있습니다. 칼 힐티는 그의 〈행복론〉에서 행복의 첫째 조건을 감사로 꼽으면서 "감사하라. 그러면 젊어진다. 감사하라. 그러면 발전이 있다. 감사하라 그러면 기쁨이 있다."라고 말했습니다.

감사하는 사람은 행복한 사람이며, 감사하는 사람은 영적으로 성숙한 사람입니다. 그래서 사도 바울은 골로새교회 성도들에게 "감사하는 자가 되라."고 명령하였습니다. 무슨 일에든지 하나님께 감사하는 사람에게 또 다른 감사할 일들을 생겨나게 하십니다. 감사가 또 다른 감사를 낳는 법입니다.

(2018. 1. 21)

하나님께 붙들린 자의 행복

오래선 수양산 기노원의 독사관에서 세 이네 금식을 하고 있을 때였습니다. 기도원에는 지금도 그렇지만 그때도 개를 키웠습니다. 몇 마리의 개들은 개집에 가두어 놓고 한 마리는 개집 밖에 사슬로 묶어놓았는데 묶어놓은 개 주변에 낯선 개 한 마리가 나타나서 맴돌았습니다.

주인 없는 떠돌이 개임이 분명했습니다. 기도원 개들은 묶여 있는 개나 우리에 갇혀 있는 개나 그 개가 오면 짖고 야단이었습니다. 묶여 있고 갇혀 있는 것이 불편하다고 불평하는 것처럼 들렸습니다. 그리고 떠돌이 개가 부러워서 짖어대는 것 같았습니다.

저녁때 기도원 관리 집사님이 먹이를 가지고 와서 그릇에 쏟아부었습니다. 기도원 개들은 아주 맛있게 먹었습니다. 그 떠돌이 개는 기도원 개가 먹는 동안에 우두커니 서서 눈치만 보고 있었습니다. 잠시 후

기도원 개가 다 먹고 난 후 찌꺼기라도 먹으려고 떠돌이 개들이 밥그릇으로 다가갔습니다.

그때 기도원 집사님이 나타나더니 떠돌이 개들을 향해 막대기를 휘두르며 밥그릇을 빼앗고 쫓아 버리는 것이었습니다. 그 떠돌이 개는 못내 아쉬운 듯 힐긋힐긋 뒤를 돌아보면서 달아났습니다. 나는 그 떠돌이 개의 허기진 배를 보면서 왜 그렇게 쓸쓸하고 불쌍하게 보였는지 모릅니다.

그 모습을 보면서 이런 생각을 했습니다. "그리스도인들이 주님에게 붙들리고 묶여서 내 맘대로 내 뜻대로 행동할 자유가 없다고 불평하지만 모든 것을 공급하시고 채우시며 도우시는 전능하신 하나님의 손에 붙들리고 그 사랑의 밧줄에 매여 있다는 것이 얼마나 큰 행복인가!"라는 생각 말입니다.

하나님은 그 사랑하는 자를 붙들어 주시는 분입니다. 의로운 오른손으로 붙들고 계신다고 했습니다. 하나님께 붙잡혔다는 것은 자유가 없다는 것을 의미하기도 합니다. 그런데 하나님의 손에서 벗어나지 못하는 불편함이 더 행복하고, 더 좋을 때가 있다는 사실을 깨닫고 감사하는 것이 신앙입니다.

하나님의 손에 붙들린 불편함 뒤에 따르는 축복이 바로 우리를 보호

하시고 능력의 손으로 일으켜주시는 것입니다. 구약성경 이사야 41장 10절을 보면 "하나님이 의로운 오른손으로 붙들어 주시겠다"고 말씀하셨습니다. 하나님의 '오른손'이란 신인 동형론적(神人同形論的) 표현 방식으로 구약성경에서 축복을 베풀 때 사용하는 손으로 표현되고 있습니다. 하나님이 축복의 손으로 우리를 붙들어 주신다는 말씀입니다.

어느 외국 잡지에 실려 있는 이야기 하나 소개합니다. 한 여인이 전쟁에 나간 약혼자의 전사 통지서를 손에 쥐고 세차게 흐르는 강물 위로 놓인 다리 위를 걷고 있었습니다. 여인은 약혼자를 잃은 슬픔을 극복하지 못하고 투신자살을 결심했습니다. 그리고 다리 난간에 올라가 뛰어내리려는 순간 한 중년 남자가 나타났습니다. 그리고 여자의 팔을 잡아서 뛰어내리지 못하게 하고는 "왜 죽으려 합니까?"라고 말하고 다리 지키는 사무실로 그녀를 데리고 갔습니다.

여인은 할 수 없이 그 남자의 손에 이끌려서 난로가 있는 사무실로 갔습니다. 그리고 자초지종을 이야기하며 통곡하는데 그 사람이 아무 말하지 않고 두 손을 잡더니 "하나님, 이 여인에게 실의를 딛고 일어설 수 있는 평안과 소망과 용기를 주옵소서." 하고 기도해 주는 것이었습니다. 그 순간 이 여인의 마음에 말할 수 없는 평안과 삶의 의욕이 넘쳐났습니다. 남자는 인자하게 웃으며 "하나님께서는 자매님을 사랑하십니다. 하나님의 사랑을 깨닫고 새 출발 하십시오."라고 말했습니다. 결국 이 여자는 자살을 포기하고 집으로 돌아왔습니다.

다음 날 여인이 곰곰이 생각해 보니 그 다리지기가 너무 고맙다는 생각이 들었습니다. 그래서 감사 인사를 하러 그곳에 갔습니다. 그런데 그곳에는 사무실도 그 사람도 보이지 않았습니다. 거세게 흐르는 강물과 다리만 있을 뿐이었습니다. 그때서야 여인은 비로소 그 다리지기가 하나님께서 보낸 천사였다는 사실을 알고 하나님께 감사드리고 새 출발을 했다고 합니다.

하나님은 그 사랑하시는 자를 붙들어주시는 분이십니다. 오늘도 그 붙드심 때문에 우리가 살고 있습니다. 붙드심 때문에 조금은 불편하고 힘들어도 그 붙으심 때문에 험한 세상을 이길 수 있는 것입니다. 오늘도 우리를 붙들고 계신 하나님을 찬양합시다. 그 주님을 믿고 순종하며 우리의 앞길에 어떤 어려움이 있어도 낙심하지 말고 오늘도 때를 따라 돕는 은혜를 받기 위해 은혜의 보좌로 담대히 나갑시다.

(2018. 3. 11)

무엇을 자랑하시겠습니까?

외국에 골프 재미에 푹 빠진 한 목사가 있었습니다. 구름 한 점 없이 화창하고 맑은 주일 아침, 목사는 갈등하다가 교회 사무실에 몸이 아파서 교회에 나갈 수 없다고 전화하고 골프장으로 향했습니다. 이를 본 천사장이 "하나님! 저 목사, 혼 좀 내줘야 하지 않을까요."라고 말했습니다. 하나님은 고개를 끄덕이셨습니다. 그것도 모르고 목사는 주일날 예배 시간에 골프장 1번 홀에서 힘차게 스윙을 했습니다.

골프공은 무려 350야드(320m)를 날아가 그린 위에 떨어진 뒤 홀컵으로 들어갔습니다. 한 방에 홀인원을 친 것입니다. 목사는 너무 좋아서 흥분했습니다. 천사도 충격을 받아 "하나님! 이것은 아닌 것 같습니다. 뭔가 잘못된 것 같네요. 벌을 주셔야 하는 것 아닌가요?"라고 말했습니다.

하나님은 미소를 지으며 천사에게 말씀하셨습니다.

"저 목사가 이 일을 누구에게 자랑하겠느냐? 틀림없이 다음 주일 설교 시간에 신나게 자랑할 것이고 그러면 목사가 주일에 아프다고 핑계하고 골프 치러 간 것이 들통날 테고 만일 들통날 것이 두려워 자랑하지 않는다면 자랑하고 싶은 마음을 참느라고 얼마나 힘들겠느냐? 그게 벌이니라."

실제로 주일 날 예배를 미루고 골프장 가는 목사가 어디에 있겠습니까? 누군가가 웃자고 지어낸 이야기이겠지만 사람들이 얼마나 자기 자랑을 하고 싶어 하는가를 잘 말해주는 이야기입니다. 사람들의 마음속에는 기본적으로 자기 자랑을 하고 싶어 하는 본능이 있습니다. 그래서 정도의 차이는 있겠지만 입만 열면 자기 자랑을 합니다. 하지만 인간이 자랑하고 내세우는 것들 가운데 많은 부분이 허탄하고 무가치한 것들임을 알아야 합니다.

성경에 보면 인생을 비유하여 "잠시 있다가 없어지는 안개와 같다."(약 4:14)고 했습니다. 그리고 '잠시 피었다가 시들어지는 풀의 꽃과 같다'고 했습니다. 사람들은 자신의 명예를 자랑하고, 돈을 자랑합니다. 권력이나 자신의 성공을 자랑합니다. 그렇게 자랑하면서 나름대로 자부심을 갖고 긍지를 갖고 살아갑니다. 그러나 그러한 자랑거리는 참된 것이 아닙니다. 영원한 것이 아니기 때문입니다. 남들에게 보여 주고 싶고 자랑하고 싶은 그 어떤 것이라도 영원한 것은 없습니다. 그래서 성경은 모든 허탄한 것을 자랑하지 말라고 했습니다.

어느 곳에서 40년 만에 초등학교 동창회가 열리고 있었습니다. 한 친구는 많은 돈을 벌어 부자가 되었다고 자랑합니다. 또 한 친구는 자식 자랑에 열을 냈습니다. 어떤 친구는 자동차 자랑, 또 다른 친구는 집 자랑, 어떤 친구는 세계 일주한 것을 자랑했습니다. 심지어 예쁜 애완견 키우는 것을 자랑삼아 이야기하는 친구도 있었습니다. 그런데 한마디 말도 없이 친구들의 이야기를 듣고만 있는 한 친구가 있었습니다. 어떤 친구가 그에게 다가가 "너는 자랑하고 싶은 것이 무엇이니?"라고 물었습니다.

그 친구는 생각해 보았습니다. 아무리 찾아보아도 자기는 자랑할 만한 것이 없었습니다. 대답은 해야겠는데 자랑할 만한 것이 딱히 떠오르지 않았습니다. 잠시, 아주 짧은 적막이 흐른 뒤 그 친구는 빙그레 웃으면서 말했습니다.

"나는 내가 나인 것이 너무 좋아. 나이가 들면서 더욱 그렇더라. 그래서 어떤 때는 혼자서 마냥 내가 좋아 웃고 어떤 날은 내가 나인 것이 너무나 자랑스럽고 감사해서 눈물짓곤 해."라고 말했습니다. 그가 이야기를 끝내자 각자 자기 자랑에 시끄럽던 동창회는 잠깐이나마 고요한 침묵이 흘렀습니다.

인생은 어쩌면 진정한 '나'를 찾아 떠나는 머나먼 여행길입니다. 젊음 하나 믿고 큰소리치고 온갖 허세와 허영으로 치장하는 시기를 지나 나이테가 많아질수록 허무하고 공허함을 느끼는 것이 인생입니다. 흐르는 세월에 몸은 늙어 가고 힘은 약해지며 외모는 왜소하고 초라하게 느껴지는 때가 옵니다.

　손에 들고 큰소리쳤던 그 모든 것들이 사라지거나 아직 손에 들려 있다 해도 그것들이 자신에게 더 이상의 가치와 의미를 부여하지 못하는 시기가 올 때 그때 당신은 무엇을 자랑하겠습니까?

(2018. 7. 29)

그래도 계속 가라

고속도로를 달리다 보면 한번쯤 들르는 곳이 휴게소입니다. 언제인가 휴게소 편의점에서 생수 한 병을 사서 나오다가 책 판매대(book corner)에 진열된 책들 속에서 조셉 M. 마셜 3세(Joseph M. Marshall III)가 지은 에세이 집 〈그래도 계속 가라〉라는 제목의 책이 눈에 들어와서 사 가지고 왔습니다.

"그만두고 싶을 때, 딱 한걸음 만 더!"라는 부제가 붙은 이 책은 제레미라는 주인공이 그의 할아버지와 나누는 대화를 통해 누구나 한번쯤 던져 봤음직한 "삶이 왜 이렇게 힘든 거냐?"라는 물음에 대한 답을 찾아가는 내용입니다. 책의 제목뿐 아니라 책의 내용도 나름대로 공감되는 부분이 많아서인지 읽는 중에 책이 책 속으로 나를 끌고 들어가는 것 같은 느낌을 받았습니다.

인생이란 언제나 양지만 있는 것이 아니라 때로는 음지도 있고 약점과 단점을 동시에 지니고 삽니다. 그러기에 넘어짐도 있고 쓰러질 때도 있습니다. 사람들은 어둡고 슬프고 고통스러운 일들은 피하려고 하지만 슬픔이 없다면 기쁨을 갈망하지도 않을 것이고 기쁜 일이 닥쳤을 때 그것을 소중히 여기지도 않을 것이기에 오히려 '슬픔도 삶의 선물이 될 수 있다.'는 것입니다.

우리가 희망을 품어야 할 시간이란 절망이 목구멍을 움켜쥐고 있을 바로 '그 때'이며 강인함이란 주어진 삶의 무게들을 포기하지 않고 짊어짐을 의미하기에 지금 아무리 지쳐 있더라도 한 걸음 더 내디디는 것, 그래도 계속 가는 것을 의미한다는 것입니다.

얼마 전 한 교우가 암 진단을 받았습니다. 그 순간 그는 하늘이 무너지는 것 같은 절망을 맛보았다고 했습니다. 그런데 그 절망의 순간에 산다는 것의 의미를 새롭게 깨닫게 되고 그 순간부터 삶을 보는 눈이 새로워졌다고 했습니다. 하늘도 새롭게 보였고 사람들도 새롭게 보였습니다. 그래서 감사한다고 말했습니다.

사람이 산다고 하는 것이 얼마나 소중하고 얼마나 큰 은총인지 비로소 알게 되고 나니 살아 있는 것이 감격이었다고 합니다. 절망의 순간에 인생의 가치와 소중함을 깨닫게 된 것입니다.

가끔 우리의 인생길에도 고속도로처럼 휴게소가 있었으면 좋겠다는 생각을 합니다. 삶의 무게가 너무 무거워서 쉬고 싶을 때, 들어가서 밥도 먹고 차도 마시고 급한 용변도 해결하고 편안하게 쉴 수 있는 그런 진정한 의미의 휴게소가 있었으면 좋겠지만 그러한 의미의 휴게소는 세상에는 없습니다. 진정한 의미의 쉼은 우리 자신들의 마음가짐과 태도에 있기 때문입니다.

우리의 삶이 어차피 감당해야 할 그 무엇이라면 아무리 힘들어도 절망하거나 포기하지도 맙시다. 삶이란 견뎌 내야 하는 것이기에 오늘 삶의 무게가 아무리 무거워도 더 크고 높은 위로의 쉼을 향해 "그래도 계속 가는 삶"이었으면 좋겠습니다.

존 레소노라는 사람이 있었습니다. 그는 죄를 짓고 10년 형을 선고 받았고 복역 중에 10년 동안 탈옥을 꿈꾸었지만 기회가 없었습니다. 그런데 출감을 23일 남겨놓은 어느 날 기회가 왔습니다. 그는 탈옥에 성공했고 집에 들러 어머니를 만났습니다. 어머니는 탈옥한 아들을 간곡히 설득하여 이튿날 아침 그를 다시 교도소로 데려옵니다.

평생 쫓기는 몸이 되어 더 큰 죄를 짓기 전에, 벌을 받더라도 새 출발을 시키려는 모정에서였습니다. 그러나 존 레소노에게는 탈옥 죄로 5년 복역이 더 추가되었습니다. 성급한 결단과 부족한 인내심 때문에 23일이 1,826일로 바뀐 것입니다.

그리스도인들에게 있어서 세상은 고난과 시련을 통한 믿음의 훈련장입니다. 이 믿음의 훈련장에서는 하나님에 대한 깊은 신뢰에서 나오는 인내가 필요합니다. 사랑하는 자녀에게는 어떤 아픔이나 고통도 이유 없이 주어지는 것이 없습니다.

이 세상에는 우리가 도저히 이해하지 못할 여러 가지 어려운 일들이 많이 일어납니다. 그때마다 하나님을 의심하고 사람을 원망하며 불평하고 주저앉아 낙심하는 것은 믿음의 사람이 할 일이 아닙니다. 살아 계신 하나님을 의지하고 한 걸음 한 걸음 앞으로 나아가야 합니다. 신앙은 주저앉거나 뒤로 물러가는 것이 아니라 앞으로 전진하는 것, 올라가는 것이기 때문입니다.

(2018. 9. 30)

자신감 높이기

일본의 심리 상담가 고코로야 진노스케는 저서 「나를 믿는 용기」에서 '자신감'이란 자기 자신을 믿는 것이라고 했습니다. 그래서 자신감을 갖기 위해서 무조건 자신을 좋은 사람이라고 믿으라고 했습니다. 그는 그것을 '이유 없는 자신감'이라고 표현합니다. 사람들은 어떤 이유와 조건에서 자신감을 얻으려고 합니다. 그런데 어떤 이유와 조건에서 얻게 된 자신감은 이유나 조건이 사라지면 자신감도 사라져 버립니다.

진정한 의미의 자신감은 '본연의 나'를 믿는 것입니다. 일을 못 하거나 잘하거나에 상관없이, 많이 가지고 있거나 아무것도 가진 게 없거나 와 상관없습니다. 소위 요즘 사람들이 말하는 스펙이 좋거나 나쁘거나 와 상관없이, 외모가 걸출하거나 그렇지 못하거나 와 상관없이, 남들이 보는 시각 여하에 상관없습니다. 어쩌면 내가 보기에도 한심한

나 자신, 생긴 그대로 있는 그대로를 받아들이고 믿는 것이 자신감이라는 것입니다.

반면 주머니가 두둑하면 뭔지 모르는 배짱이 생기는 것, 좋은 옷을 입으면 사람들 앞에 나설 때 위축됨 없이 용기가 생기는 것, 어떤 권력이나 높은 지위가 주어지면 목에 힘이 들어가는 것, 이런 것들은 이유 있는 자신감입니다. 그래서 사람들은 그 이유를 만들기 위해 모든 에너지를 사용합니다. 경쟁하고 전쟁도 불사합니다. 그런데 이런 이유 있는 자신감은 진정한 자신감이 아닙니다. 그 조건과 이유가 사라지고 무너지고 나면 그 자신감도 사라져 버리고 도리어 절망감에 휩싸이게 되기 때문입니다.

사람들은 이유 있는 자신감에 길들어 있습니다. 그래서 이유 없는 자신감을 갖게 되는 것이 결코 쉽지 않습니다. 이유 없는 자신감을 우리는 그것을 자존감이라고 표현합니다. 진노스케는 상담 심리학자로서 이유 없는 자신감을 스스로 만들어 내라고 말합니다. 하지만 인간은 스스로 그 자신감을 만들 수 없습니다. 물론 노력하면 어느 정도는 회복될 것입니다. 그러나 진정한 의미에서의 자신감은 우리 안에 하나님의 형상이 회복될 때 가능합니다.

우리가 부르는 복음성가 중에 "나 가진 재물 없어도"라는 곡이 있습니다. 송명희 씨의 시에 곡을 붙인 것입니다. 송명희 시인은 중증 뇌성

마비 환자로 태어났습니다. 태어나서 울지도 못했고 자라면서 몸을 가누지도 못했습니다. 머리뼈는 물렁물렁해서 고무풍선처럼 만지는 대로 푹푹 들어가서 건드릴 수도 없었습니다. 그의 어머니는 몸이 약하여 젖도 제대로 물릴 수 없었고 너무 가난하여 그에게 우유 한번 제대로 사 먹일 수조차 없었습니다.

그의 사지는 뒤틀려 있었고 뼈는 약해서 몸을 가누지 못해서 일으킬 수도 없었습니다. 일곱 살 때까지 누워만 있었고 나이가 들면서 부모를 원망하기 시작했습니다. 삶을 비관하여 죽고 싶었지만 죽을 수도 없었습니다. 원망과 반항으로 몸과 마음 그리고 영혼까지 망가져 갔습니다. 그런데 그녀가 17세가 되었을 때 하나님이 그에게 찾아와 주셨습니다. 전도자를 통해서 복음을 들었고 주님께서 성령을 부어주셔서 거듭나는 체험을 합니다.

교회에 나가면서 그녀는 자신의 망가진 영혼을 만져주시는 주님의 손길을 경험합니다. 그때부터 그녀의 삶은 변화되었습니다. 남이 가진 것의 1,000분지 일도 소유하지 못한 그녀는 자신이 하나님 안에서 얼마나 소중한 존재인가를 깨닫고 '나 가진 재물 없어도'라고 노래하는 것입니다.

그때부터 그녀의 삶은 180도로 바뀌었습니다. 원망과 불평이 아닌 감사와 찬양으로 불신과 비관이 아닌 신뢰와 소망으로 가득 찼습니다.

매일같이 하루 5시간씩 기도하며 성경 삼십여 번을 통독하고 성령님의 이끄심에 따라 시를 썼습니다. 지금까지 그녀는 스물네 권의 저서와 작사 찬양이 백여 곡 발표되었고 학교와 교회, 방송 출연 등 1천오백 여회 간증 집회를 인도하는 왕성한 활동을 하였습니다. 성령 안에서 자존감이 회복된 사람이 이뤄낸 놀라운 결과입니다.

하나님이 지으신 만물 중에 인간만이 하나님의 형상과 모양대로 지음 받은 존재입니다. 그러므로 인간은 하나님 안에서만 진정하고 참된 자아를 발견할 수 있습니다. 그렇다면 그리스도인들은 하나님 안에서 발견되는 자신과 대화하는 삶을 살아야 합니다.

하나님은 내가 이 땅에 존재해야 하는 이유와 존재할 수 있는 능력을 부여하시는 분이시기에 그분 안에 있을 때에만 진정한 의미의 자신감을 회복할 수 있기 때문입니다.

(2018. 10. 21)

감사하는 사람, 마음이 깊은 사람

미국 어느 시골학교에 마르다 벨이라는 여선생님이 있었습니다. 그 학교는 너무 가난하여 학교에 피아노가 없었습니다. 그래서 벨 선생님은 당시 미국 최고의 부자였던 자동차의 왕 헨리 포드에게 피아노를 구입할 수 있도록 1,000달러만 후원해 달라는 간곡한 편지를 보냈습니다.

헨리 포드는 그 편지를 받고 마음이 상했습니다. 왜냐하면 수많은 사람들이 헨리 포드에게 돈을 요구해서 받아 갈 때는 사정해서 받아 가지만 대부분 감사하다는 말 한마디 없이 그것으로 끝났기 때문입니다. 헨리 포드는 그냥 거절할 수가 없으니까 10센트만 보내 주었습니다.

1,000달러를 요청했는데 1달러도 아닌 10센트를 보냈는데도 그 선생님은 실망하지 않고 그 돈을 감사히 받아서 10센트만큼의 땅콩을 사서

운동장 한구석에다 심었습니다. 그리고 열심히 가꾸고 수확해서 약간의 이익금을 냈습니다. 그 이익금에서 얼마를 떼어서 10센트의 후원금을 보냈던 헨리 포드에게 보냈습니다. 그리고 이듬해에는 더 많은 씨를 뿌려서 수확했습니다.

해마다 그렇게 땅콩을 심어서 판매한 결과 5년 만에 피아노를 살 수 있을 만큼의 돈을 모아서 피아노를 사고 헨리 포드에게 감사의 편지를 보냈습니다. 헨리 포드는 그 여선생님의 편지를 받고 너무 기뻤습니다. 그리고 "당신이야말로 내게 큰 감동을 전한 유일한 사람입니다. 당신에게 내 마음을 보냅니다."라는 편지와 함께 선생님이 요청한 피아노 값의 10배나 되는 만 달러를 학교에 후원금으로 보냈습니다.

벨 선생님은 처음에 엄청난 부자로부터 10센트의 후원금을 받고 그가 인색하다거나 10센트가 뭐냐며 적게 주었다고 불평하며 원망하지 않았습니다. 불평할 수도 있는 상황에서 감사했고 감사가 많은 유익을 가져온 것입니다.

대부분 사람들은 어떤 좋은 조건이나 환경이 감사한 생각을 만들어 줄 것이라는 생각을 합니다. 그러나 좋은 환경, 좋은 상황이 감사의 생각을 만들어주는 것이 아니라 어떤 조건과 환경에서도 감사한 생각이 좋은 조건을 만들고 행복한 마음과 행복한 결과를 만들어 주는 것입니다. 그래서 그리스도인들은 상황 때문에 감사하는 사람들이 아닙니다. 감사할 이유를 상황이나 환경이 아닌 본질적인 믿음에서 찾고 감사하는 사람들입니다. 본질적인 믿음은 우리의 모든 것이 하나님께 있다는 것입니다.

이스라엘 백성들은 광야 길을 가는 동안 먹을 것이 없다고 불평했지만, 그들에게 만나를 주심으로 하나님이 자신이 그들의 양식임을 보여주셨습니다. 물이 없어서 또 원망했지만 반석에서 샘물을 나게 하심으로 하나님 자신이 그들의 영원한 샘물이심을 알게 하셨습니다.

하나님이 함께하신다는 사실만으로 그들에게 불평과 원망의 이유는 없어야 했습니다. 그러나 마비된 생각이 하나님께서 자신들과 함께 계심을 알지 못하게 했습니다. 그 결과 감사하지 못하고 끊임없이 불평하고 원망했던 것입니다.

이스라엘은 하나님이 배고픔이나 갈증을 해결해 주셔서가 아니라 어떤 상황 속에서도 자신들 곁에 함께 계신다는 사실을 인해서 감사해야 했습니다. 그랬다면 먹을 것이 없고 물이 없어도 하나님을 향한 믿음을 잃지 않았을 것입니다. 만나 때문이 아니라 만나를 내려주시는 하나님 때문에 감사할 때 만나를 주시는 하나님을 만날 수가 있는 것입니다.

우리가 가지고 있는 환경은 항상 불완전하며 부족한 요소들뿐입니다. 그래서 많은 사람이 좌절하기도 하며 포기하기도 합니다. 그러나 만나가 내리는 그 대지를 바라보며 그것을 내리게 하시는 분이 하나님이시라는 사실을 감사했더라면 그들의 삶은 더 행복했을 것입니다.

보이지 않는 우물이 깊은지 얕은지는 돌멩이 하나를 던져보면 압니다. 마찬가지로 내 마음의 깊이, 내 믿음의 깊이는 절망적이고 불행한 어떤 상황을 만날 때의 반응과 자신에 대해 비난하고 비판하는 사람들이 던지는 말에 대해서 어떤 반응을 하는지를 통해 알 수 있습니다.

힘든 상황에 쉽게 굴복하고 누군가가 가볍게 던지는 말 한마디에 흥분하고 흔들린다면 아직도 내 마음의 깊이가 얕다는 것입니다. 어떤 환경이나 상황 속에서도 감사하는 사람은 마음이 깊은 사람입니다. 하나님이 함께하심을 아는 사람은 어떤 상황에서도 흔들리지 않고 감사하는 마음이 깊은 사람입니다.

(2020. 9. 6)

온유함의 힘

가을의 문턱을 넘어 부르익어가는 계설이 수는 널배가 너없이 아름
답습니다. 수도산 기도원에서 토실하게 잘 익어서 떨어진 밤톨을 주우
면서 하나님의 은혜를 생각해 보았습니다. 때가 되어 영글어 땅에 떨
어진 밤톨 하나하나를 그저 줍기만 하는 은혜, 한 시간만 주워도 허리
가 끊어질 듯 아파도, 밤 한 톨 한 톨이 더 이상의 밤이 아니라 금덩이
보다 더 귀한 은총의 구슬처럼 보였습니다. 그 무엇 하나 내 힘으로 된
것이 없고, 주시는 은혜를 그저 받아 누리고 사는 인생이기에 감사할
따름입니다.

세상은 각박하고 이기적입니다. 대선을 앞둔 정치판 돌아가는 상황
을 보면, 이기주의적인 군상들의 만물상을 보는 듯합니다. 자신의 성공
을 위해서라면 상대방의 약점과 흠집을 자신의 성공으로 나아가는 디
딤돌처럼 이용하고, 강한 자에게는 비굴하고 약한 자에게는 교만하여

강한 체하는 사람들입니다. 강한 것이 꼭 이기는 것이 아닌데도 사람들은 한 치의 양보도 없고, 한 발짝의 물러남도 없이 자기주장만 펼치고 있습니다. 강한 자만 존재하는 세상은 결코 행복하지 않습니다. 진정 필요한 것은 부드러움과 따뜻함입니다. 사람은 냉혈동물이 아니라 온혈동물로 따뜻하고 부드러움 속에서 행복을 누리는 존재입니다.

어느 심리학자가 젖 먹는 어린 원숭이들을 엄마 원숭이에게서 떼어내고 엄마 원숭이를 숨겼습니다. 아기 원숭이들이 배고파서 엄마를 찾을 때, 엄마 원숭이와 똑같은 모양의 원숭이 인형 두 개를 만들어 앞에 두었습니다. 한 개는 아주 딱딱하고 차가운 느낌이 나는 재료로 만들었고, 다른 하나는 부드럽고 따뜻한 느낌이 나는 재질로 만들었습니다. 두 개의 인형 가슴에는 젖꼭지를 만들어 빨면 우유가 나오는 장치를 했습니다. 그리고 아기 원숭이들이 어떻게 하는지 살펴봤습니다.

처음에는 배고픈 아기 원숭이들이 두 인형 엄마의 가슴에 안겨 우유를 빨아먹었으나 다음 날부터는 딱딱한 재질로 만든 엄마 인형에게는 가지 않고 부드럽고 따뜻한 재질로 만든 엄마 인형에게만 몰려들어 우유를 빨아먹는 것이었습니다. 이 실험을 한 심리학자의 이름을 따서 '하아로우의 실험'이라고 합니다. 동물들도 딱딱하고 차가운 것보다 부드럽고 따뜻한 것을 좋아한다는 것이 실험을 통해 입증된 것입니다.

세상은 약육강식, 적자생존, 자연도태 이론이 전부인 것처럼 보입니다. 그러나 꼭 강한 것만이 살아남을 수 있는 것이 아닙니다. 때로는 부드러움이 강한 것보다 더 강력한 힘을 가질 때가 있습니다. 눈을 들어 세상을 보십시오. 이 땅에는 거대한 나무보다 작은 풀이, 거구의 생물보다는 작은 생물이 훨씬 더 많이, 그리고 넓게 분포되어 있습니다. 중국의 노자는 "약함이 강함을 이기고, 부드러움이 딱딱함을 이긴다."고 했고, 예수님은 온유한 자가 땅을 얻을 것이라고 말씀하셨습니다.

사납고 힘센 짐승들이 세상을 다 차지할 것 같지만 기껏해야 험한 산을 차지할 뿐 힘없어 보이는 온순한 짐승들이 넓은 평원을 차지하게 됩니다. 강한 이빨은 벌레도 먹고 잘 손상되고 부러지기도 잘 하지만, 부드러운 혀는 쉽게 상하거나 벌레 먹지 않습니다. 강하면 잘 부러지고 쉽게 깨어집니다. 결코 강한 것이 강한 것이 아닙니다. 한때 폭력과 칼로 세상을 정복하려 했던 나폴레옹, 히틀러, 무솔리니는 모든 것을 차지한 듯했으나 모든 것을 다 빼앗기고 비참하게 죽었습니다.

힘으로 세상을 지배하려던 공산주의는 100년도 못되어 무너졌습니다. 무력으로 세계 최대의 넓은 영토를 정복했던 칭기즈 칸의 나라도 100년을 넘기지 못했습니다. 그러나 한없이 온유하고 겸손하셨던 예수님은 십자가에 못 박혀 실패자같이 보였으나, 오늘날 온 세상을 이긴 진정한 승리자요, 구세주로 높임을 받고 계십니다. 온유와 겸손은 약함의 표상이 아니라 무한히 강한 힘을 품고 있는 에너지입니다. '온유'란 헬라어로 "부드럽고 온화함, 친절, 마음이 조급하지 아니하고 너그러운 상태, 경솔하지 아니하고 침착한 상태, 마음이 단기적이 아니라 여유 만만한 상태, 극단에 서지 않는 것"을 말합니다.

신학자 존 오만(John Wood Oman)은 온유를 "단순히 유순한 것도, 비굴함도 아니라 강한 의지를 가지고 전진하되 타인에 대하여 오래 참고 부드럽고 친절한 자세를 취하는 태도를 말한다."라고 했으며, 칼빈은 "부드러운 태도로 살고, 오해에 쉽사리 노하지 않으며, 보복코자 아니하고, 자기에 대한 악의에 길이 참는 것"이라고 설명하였습니다.

오늘날은 치열한 경쟁 사회입니다. 경쟁 사회에서는 남에게 양보하면 손해 본다는 의식이 지배적입니다. 손해 보지 않기 위해 강해져야 하고, 서로 강해지려는 끝없는 경쟁 구도 속에서는 진정한 쉼이 있을 수 없습니다. 그러나 온유와 따듯함, 그리고 부드러움에는 쉼이 있습니다. 그리고 진정한 의미에서의 참된 승리가 약속돼 있습니다. 온유함이야말로 진정한 힘이며, 그리스도인들이 세상과 싸워 이길 수 있는 진정한 무기인 것입니다.

(2021. 9. 26)

그리스도의 향나무 되어 :
더 좋은 교회

어떤 통계에 의하면 현대 기독교인 중에 약 20% 정도가 한 교회에 정착하지 못하고 떠도는 교인들이라고 합니다. 현재는 '코로나' 때문이라고 하는 정당한(?) 핑계와 이유가 있지만 코로나가 멈추고 일상이 정상으로 돌아왔을 때, 그때는 코로나가 아니라 본질적인 신앙의 문제로 예배 모임과 신앙 활동의 테두리를 벗어나서 교회에 정착하지 않는 부평초 같은 교인들의 수가 급격하게 늘어날 것이 예상됩니다.

정상적인 신앙은 교회를 텃밭으로 알고, 그 위에 심어진 뿌리 깊은 나무가 되는 것입니다. 그리고 신자에게는 자신이 평생 뿌리내리고 섬길 만한 옥토와 같은 좋은 교회를 만난다는 것이 대단히 중요한 일입니다. 그러나 어떤 교회가 좋은 교회인가 하는 것은 논란의 여지는 많습니다. 개개인의 성향이나 신앙의 색깔에 따라 적응하기 쉬운가? 아닌가? 하는 문제와 그 교회가 가진 비전과 목표, 그리고 담임 목회자의 목회 성향과 구성원들이 성경적이고 진리에 입각하여 바로 살아가는 가 하는 문제는, 모든 교회가 다 좋은 교회라는 전제에도 불구하고 어 떤 교회는 더 좋은 교회라는 평가를 차별적으로 내릴 수밖에 없는 근 거가 되는 것입니다.

어떤 분이 월간 <복음과 상황>에 실린 글 하나를 읽고, 저의 e-mail 로 "양정교회를 취재하고 쓴 글 같습니다."라는 멘트와 함께 보내주셨 습니다. "좋은 교회를 찾아라."라는 제목이었는데, 어떤 교회가 좋은 교회인가? 하는 문제에 대하여 어떤 기준 같은 것을 제시한 것 같아서 간략하게 요약해 보았습니다.

첫째로 예배가 살아 있는 교회입니다. 예배가 침체되고 형식 위주에 치우친 교회는 하나님 보시기에 결코 좋은 교회가 아닙니다. 예배에 생명력이 있고, 감동이 있어서 자신에게 은혜가 되는, 즉 예배가 살아 있는 교회가 좋은 교회라는 것입니다.

둘째로 선교와 전도에 대한 열정이 뜨거운 교회입니다. 교회가 선교 와 구제의 사명을 잊어버리거나 소홀히 하고, 교회의 재정과 인적자원 을 자기 교회를 돌보는데 만 사용하는 것은 썩 좋은 교회라고 할 수 없 습니다. 재정의 몇 %를 선교와 전도를 위해 사용하는지를 살펴보는 것 이 좋은 교회인지를 판단하는 기준이 될 수 있습니다.

셋째는 성도의 교제가 아름다우며 화목한 교회입니다. 교회가 분쟁과 갈등에 휘말리게 되면, 그것 때문에 겪는 고통은 이루 말로 다 할 수가 없습니다. 그래서 목회자와 교인들은 성도의 교제가 화목하고 화평하게 하는 일에 모든 노력을 다해야 합니다. 화평은 성령님의 사역이지만 불화와 분쟁은 사단의 사역입니다. 그러기에 좋은 교회는 성도의 교제가 활발하고 화목한 교회입니다.

어떤 사람은 교회에 출석하지 않아도 예수만 믿는다면 구원받을 수있기에 교회 생활이 불필요하다는 주장을 펴기도 합니다. 일면 일리가있습니다. 왜냐하면 독학하고 검정고시를 통해서 대학교에 갈 수 있듯이 구원도 복음을 듣고 예수를 구주로 믿으며 영접하여 구주로 시인하면 죄 사함과 구원이 임하기 때문입니다. 그러나 그렇다고 해서 중·고등학교 다니는 일을 필요 없는 일이라고 할 수 없듯이 교회 출석하는일을 필요 없다거나 가볍게 취급할 수 없는 것입니다.

학교생활을 한다는 것은 단순히 대학에 가고 못 가는 일을 떠나 매우중요한 일입니다. 좋은 학교생활을 통하여 얻을 수 있는 것이 대단히많기 때문입니다. 교회 생활을 통한 신앙생활도 마찬가지입니다. 꼭 교회를 다녀야만 구원을 얻는 것은 아니지만, 좋은 교회 생활을 통하여얻는 영적이며 신앙적인 유익은 절대로 작은 것이 아닙니다. 그러므로사람들이 좋은 학교를 욕심내듯이 신앙인들은 좋은 교회를 욕심내어야만 합니다. 아직 교회를 정하지 않고 오늘은 이곳 내일은 저곳 하며 정착하지 못하고 순회하며 유랑하는 교인이 있다면 좋은 교회를 찾아서 등록하고 정착하여 뿌리 깊은 나무가 되어 하나님이 기뻐하시는 영적 열매를 맺는 신앙인이 되시기를 축복합니다.

우리 양정교회는 지난 35년 동안 예배 중심의 목회, 선교 중심의 사역을 해왔습니다. 예기치 못했던 코로나 상황 속에서도 예배와 선교를 중단한 적이 없습니다. 예배와 선교의 열정이 있는 교회입니다. 재정의 25-30%를 최우선 지출하여, 매년 5-6억 원의 재정을 선교하는 일로 흘러가게 하였습니다. 그리고 다툼이나 분열이 없이 화목하고 평안한 교회로 성장하여 왔습니다.

화목, 일치, 선교는 우리 교회가 추구하는 최상의 가치이며 목표입니다. 화목, 일치, 선교를 외치며 오직 한 길로 달려온 지난 35년 동안 하나님께서는 복을 주셨습니다. 우리 교회는 모든 교회 중에 더 좋은 교회입니다. 교회 설립 35주년을 감사드리며 오늘이 있기까지 교회를 사랑하고 헌신하며 섬겨 오신 모든 제직들과 교우 여러분들에게 충만한 하나님의 은혜가 있기를 축복합니다.

(2021. 10. 3)

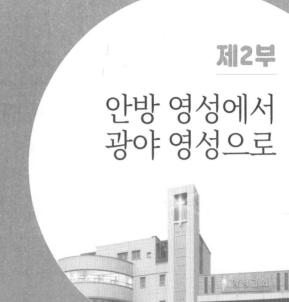

제2부

안방 영성에서
광야 영성으로

그때는 알게 될 것이다

사람이 무엇을 중요하게 생각하느냐에 따라 그의 생각과 말과 행동이 달라집니다. 무엇을 중요하게 생각하느냐에 따라 그것에 투자를 아끼지 않습니다. 정말 사람에게 중요한 것이 무엇일까요? 돈일까요? 명예일까요? 권력일까요? 육체의 아름다움이나 건강일까요? 세상에는 돈이 많아도 불행한 사람들이 많습니다. 권세와 권력의 핵심에 있어도 불안한 사람들이 있습니다. 그리고 모든 인기와 명성을 한몸에 받고 있어도 외롭고 고독한 사람들이 있습니다.

50-60년대 섹스 심벌로 전 세계 뭇 남성들의 마음을 사로잡았던 영화배우 마릴린 먼로(Marilyn Monroe, 1926-1962)는 나이가 들어 늙으면 자신의 미모를 유지할 수 없을 것에 대한 불안에 싸여 36세의 나이에 자살하고 말았습니다. 남이 볼 땐 가장 행복할 것 같았던 그에게 자살을 택해야 할 만큼의 고민과 걱정과 두려움이 있었던 것입니다.

성공했다고 다 행복한 것이 아닙니다. 건강하다고 무조건 행복한 것도 아닙니다. 왜냐면 인간은 육신 이외에 존재하는 것이 또 있기 때문입니다. 그것은 영혼입니다. 영혼이 육체 안에 있으면 살아 있는 것이고 영혼이 육체를 떠나면 그것은 죽은 몸입니다. 그러기에 육체보다 영혼이 더 중요한 것입니다. 육신은 길어야 70~90년을 살지만, 영혼은 영원히 죽지 않습니다. 육신은 죽어도 영혼은 영원히 존재합니다.

어느 날 나의 영혼이 병들고 늙은 몸에서 빠져나오게 될 것입니다. 육신을 빠져나온 영혼은 천사들에게 이끌려 하나님의 나라 천국으로 가든지 마귀들에게 이끌려 유황불이 타오르는 지옥으로 끌려가서 영원히 끝없는 고통을 당하든지 둘 중의 하나가 될 것입니다. 육신적으로 이 세상에서 아무리 훌륭한 이름을 남기고 권세를 잡으며 성공하였다고 해도 그 영혼이 지옥에 떨어지면 그것은 불행한 것입니다.

사람은 세상에서 영원히 살지 못합니다. 잠시 후면 늙고 병들고 죽음이 찾아오고 죽음의 문턱을 넘어야 할 때가 있습니다. 그래서 인간은 죽음을 짊어지고 사는 존재입니다.

천하일색 양귀비도 죽었고, 아인슈타인 같은 위대한 과학자도 죽었습니다. 에디슨 같은 발명가도 죽음을 이길 만한 특별한 기계를 발명해 내지는 못했습니다. 과거 중국의 진시황은 불로장생약을 구했으나 결국 죽었습니다. 영국의 처칠이나 링컨과 같은 위대한 정치가도 정치력으로 죽음을 물리칠 수 없었습니다. 우리 모두 마찬가지입니다. 그래서 우리 인간은 사망의 밧줄을 목에 걸고 사는 시한부 사형수입니다.

성경은 모든 사람이 하나님께 죄를 지었음으로 사망이 찾아왔다고 하였습니다. 그래서 언제나 사망의 밧줄을 목에 걸고 사는 것입니다. 대부분의 사람은 영혼이 없다고 생각합니다. 아니면 영혼이 있다고 생각은 하면서도 영혼의 소중함을 모르고 삽니다. 세상에서 육신으로 사는 삶이 전부인 줄 알고 하나님과 천국 지옥을 인정하지 않고 구세주 예수 그리스도를 영접하지도 않습니다. 여전히 물질 만능 사고방식을 따라 육체의 정욕과 욕심을 따라 하나님을 불신하며 온갖 더러운 악을 행하며 마지막에 자신들이 행한 것에 대한 결과가 어떤 것인지 전혀 생각하지 못하고 사는 것입니다. 그러나 죽음의 문턱에 설 때는 그것을 알게 됩니다.

불현듯 찾아오는 죽음, 그 이후 예상치 않은 천국과 지옥의 갈림길에 설 때 그때는 알게 되고 후회하게 될 것입니다. 이 세상에서 예수 그리스도를 영접하고 하나님을 아버지로 섬긴 것의 결과가 얼마나 아름답고 행복한 것인지와 천국 지옥 다 부인하며 하나님의 사랑을 거절하고 오직 자신만을 신처럼 여기고 당장 눈에 보이는 것만을 추구하며 살아온 불신앙과 교만의 결과가 얼마나 무섭고 두려운 것인지를 말입니다.

(2011. 2. 6)

믿음과 불신의 차이

지난주일 초등학교 친구 하나가 하늘나라로 갔습니다. 남편과 대학생 딸 하나 남겨놓고 말입니다. 췌장암 진단을 받은 지 5개월도 안 되었습니다. "나 죽거든 꼭 목사 친구가 와서 예배 인도 한번 해주라."라고 요양원에 찾아간 날 힘없이 이야기하던 그 친구가 주님께 부름받은 것입니다. 주님 은혜로 이만큼 살았으니 감사하다는 말로 삶의 아쉬움을 물리치고 예수님을 믿었으니 그분의 십자가 공로로 죄 씻음 받고 구원받아 죽어도 천국 간다는 말로 죽음의 두려움을 이기던 그가 2011년 추수 감사절 아침에 바라던 대로 질병의 굴레를 훨훨 벗고 하늘나라로 올라갔습니다.

장례식장에 초등학교 친구들이 모였습니다. 대부분 어렸을 적에 신앙생활에 열심이었던 친구들, 오십을 훌쩍 넘긴 지금, 일찌감치 신앙을 버리고 하나님과 담쌓고 사는 친구들, 그래도 어렸을 적의 믿음을 가

날프게 붙들고 명목상의 교인으로 남아있는 친구들, 험한 세파에서 그래도 꿋꿋하게 믿음을 지키고 목사로 사모로 그리고 신실한 성도로 충성을 다하며 주님을 섬기는 친구들…. "목사 친구가 왔으니 하늘로 간 친구를 위하여 하나님께 예배드리자."라고 일찌감치 교회를 등지고 살고 있는 한 친구가 입을 열었습니다.

모두 숙연해지고 그의 말에 따라 머리를 숙였습니다. 사람은 죽음 앞에 진솔해지는 모양입니다. 중학교를 졸업하고 고향을 떠난 이후로 교회를 떠나서 신앙과는 담을 쌓고 살았다는 그 친구가 한 친구의 죽음 앞에서 하나님을 생각하고 인생의 의미를 생각하게 된 것입니다.

사람이 무엇을 중요하게 생각하느냐에 따라 그의 생각과 말과 행동이 달라집니다. 무엇을 중요하게 생각하느냐에 따라 그것에 투자를 아끼지 않습니다. 정말 사람에게 중요한 것이 무엇일까요? 돈일까요? 명예일까요? 권력일까요? 육체의 아름다움이나 건강일까요? 세상에는 돈이 많아도 불행한 사람들이 있습니다. 그리고 모든 인기와 명성을 한 몸에 받고 있어도 외롭고 고독한 사람들이 있습니다.

성공했다고 다 행복한 것이 아닙니다. 건강하다고 무조건 행복한 것도 아닙니다. 왜냐면 인간은 육신 이외에 영혼이 존재하기 때문입니다. 그러기에 육체보다 영혼이 더 중요한 것입니다. 육신은 길지 않는 삶을 살지만 영혼은 영원히 죽지 않습니다. 육신은 죽어도 영혼은 영원히 존재합니다.

성경은 모든 사람들이 죄를 지었으므로 죽음과 그 후에는 지옥 형벌이 주어진다고 했습니다. 불현듯 찾아오는 죽음, 그 이후 예상치 않은 천국과 지옥의 갈림길에 설 때 그때는 알게 되고 후회하게 될 것입니다.

영원한 세계가 있습니다. 육체는 죽어 없어지고 영혼은 살아 지옥이든 천국이든 두 갈래 길에 섭니다.

이 길의 한가운데에 예수 그리스도의 십자가가 있습니다. 인간은 스스로 죄를 해결하지 못합니다. 용서의 은총을 받아야 합니다. 용서의 조건이 바로 예수 그리스도입니다. 그분이 우리의 죗값을 지시고 십자가에 죽으셨기 때문입니다. 누구든지 예수 그리스도를 구주로 영접하고 믿는 자에게 모든 죄에 대한 하나님의 용서가 선포됩니다. 하나님의 자녀가 되게 하고 영원한 천국이 그의 것이 되는 것입니다. 그때는 알게 될 것입니다. 믿음과 불신의 차이를….

(2011. 11. 27)

믿음과 인내의 시간들

지난 주간에는 중국에서 일하는 우리 교회 파송 2세대 사역자들을 만나 격려하고 귀주성에 개척 설립 예배를 드리고 돌아왔습니다. 4박 5일의 일정으로 차로 3천 km 가까운 거리를 이동하는 강행군이었지만 모두들 건강하고 은혜가 넘쳤습니다.

11월에 출발하여 돌아와 보니 12월이 되었습니다. 어느새 올해의 마지막 한 달만이 남았습니다. 빠른 세월을 실감하며 장석주 시인의 '대추 한 알'이라는 제목의 시(詩) 한 편을 소개합니다.

저게 저절로 붉어질 리는 없다.
저 안에 태풍 몇 개
저 안에 천둥 몇 개
저 안에 벼락 몇 개
저 안에 번개 몇 개가 들어 있어서

붉게 익히는 것일 게다.

저게 혼자서 둥글어질 리는 없다.

저 안에 무서리 내린 몇 밤

저 안에 땡볕 두어 달

저 안에 초승달 몇 날이 들어서서

둥글게 만드는 것일 게다.

대추야

너는 세상과 통하였구나

　시인은 한 개의 대추 열매가 겪어온 세월을 짧은 시어(詩語)를 통해서 잘 표현하였습니다. 어찌 대추 열매가 저절로 붉어졌겠습니까?

　시인이 말한 것처럼 휘감아 몰아치는 태풍에 흔들려 떨어질 고비를 수없이 넘었고 천둥치는 무서운 밤과 초승달 지는 외로운 밤들을 지나서 가슴까지 시리게 하는 찬 서리 다 참아내고 살가죽 벗겨내는 땡볕도 다 견디어 붉고 맛있는 대추가 된 것입니다.

　그리스도인들에게 있어서 세상은 고난과 시련을 통한 믿음의 훈련장입니다. 이 믿음의 훈련장에서는 하나님에 대한 깊은 신뢰에서 나오는 인내가 필요합니다. 왜냐면 사랑하는 자녀에게는 어떤 아픔이나 고통도 이유 없이 주어지는 것이 없기 때문입니다.

　이 세상에는 우리가 도저히 이해하지 못할 여러 가지 어려운 일들이 많이 일어납니다. 그 때마다 하나님의 사랑을 의심하고 원망하며 불평하는 것은 믿음의 사람이 할 일이 아닙니다. 그럴 때마다 우리는 하나님의 뜻을 찾아야 합니다.

미국의 정신과 의사인 스콧 팩(M. Scott Peck)은 「아직도 가야 할 길」(The Road Less Traveled)이라는 책에서 수많은 정신병자를 치료하면서 얻은 결론을 말하였습니다. "환자가 병에 걸리게 된 책임이 자신에게 있다는 것을 인정하고 그 고통이 자신의 일생에 꼭 필요한 것이라는 사실을 인식하게 되는 그 순간부터 병은 50% 치료된 것이나 다름이 없다."라고 말입니다.

그렇습니다.

우리가 걸어야 하는 인생길은 믿음의 훈련장입니다. 그리고 우리가 당하는 고통은 더 나은 것을 주시기 위한 연단이요 시련인 것입니다. 하나님을 신뢰하는 믿음에 근거한 인내(忍耐)를 가져야 합니다. 인내는 기다림이라는 말로도 통합니다. 생은 기다리는 시간들로 메워지고 채워져 가는 그릇과도 같습니다.

주님의 신실함을 믿고 기다리는 사람들에게 그 기다림의 시간은 헛되지 않습니다. 그 고난의 날들이 믿음을 견고히 하고 인격을 성숙하게 하는 기회가 될 것입니다.

(2011. 12. 4)

더위와 열정

하나님 은혜로 미국 일정을 잘 마치고 무사히 돌아왔습니다. 말씀을 통하여 선교사님들에게 은혜를 끼치고 저도 은혜받는 기회였습니다. 세계선교를 주도적으로 끌고 가는 귀한 사역자들을 만날 수 있었습니다. 또 세계 선교의 흐름을 볼 수 있었고, 선교에 관한 국제적인 감각을 익히는 좋은 기회였습니다. 모든 것이 주님의 은혜요 성도들의 기도 덕분입니다.

돌아오는 비행기 안에서 제공된 신문에 연일 찜통더위가 계속된다는 기사를 읽었습니다. 여름은 더워야 정상이지만 그래도 이렇게 더운 것은 좋아할 사람이 별로 없을 것 같습니다. 더위는 뜨거움입니다. 태양이 대지를 달궈서 뜨거워진 바람은 무더위를 만들어내지만, 성령께서 내 안에 역사하셔서 뜨거워진 바람은 열정을 만들어냅니다. 그리스도인들은 성령으로 뜨거워진 열정의 사람이 되어야 합니다.

지난 20일 LA에서 선교 대회가 열리는 시카고로 국내선 비행기를 타기 위해 공항까지 가는 콜택시를 탔습니다. 한국인 기사는 내가 차에 타자마자 이야기를 시작했습니다. 18세에 미국으로 유학 와서 경제학 석사 학위까지 받았다고 자신을 소개하고는 공부하느라고 고생한 이야기, 한국과 미국이 다른 점, 한국이 미국을 배워야 하는 것들 그리고 자신이 생각할 때 우리나라가 언젠가는 미국을 능가하는 나라가 될 것이라는 전망까지… 공항까지 가는 40분 내내 쉴 새 없이 말하는 것이었습니다. 나는 그저 들으며 고개만 끄떡여 주었습니다. 아니 내가 말할 틈을 주지도 않았습니다. 혹시 예수 안 믿는다면 전도해 볼 요량으로 말을 꺼냈다가 그냥 들어주기만 했습니다.

나는 그분의 말 실력과 열정에 놀랐습니다. 그 택시 기사님의 말 실력과 열정이 어디에서 생겼을까 생각해 보았습니다. 그것은 미국에서 살면서 몸으로 부딪히며 깨달은 삶의 경험이 있었기 때문일 것입니다. 그렇다면 우리의 신앙생활에는 과연 그러한 열정이 있습니까?

과거에는 예수님의 은혜와 사랑을 처음 깨닫고 몸과 마음으로, 영혼으로, 그 은혜에 감격하여 울었던 때도 있었습니다. 그런데 지금은 어떻습니까? 전도의 열정도, 선교의 열정도 다 식어서 입을 닫고 과묵을 미덕으로 여기고 있는 것은 아닙니까?

조 베일리라는 사람은 "예수님은 제자들에게 광고판을 세우고 광고

용지를 돌리라 명령하시지 않았다. 그는 그들에게 자신의 증인이 되라고 명령하셨다."라고 말했습니다. 예수님도 언급하신 '증인'이라는 말은 '말투스'라는 헬라어에서 유래했고 '말투스'는 순교자라는 의미가 있는 말입니다. 증인, 즉 순교자는 마음속에 뜨거움이 있는 열정의 사람입니다. 돈 받고 찌라시를 돌리는 아르바이트생이 아니라 어떤 핍박이나 환난이나 어려움이 있어도 굴하지 않는 열정을 가진 사람이 증인인 것입니다.

주님의 은혜에 뜨거워지고 사랑에 뜨거워진 마음, 그래서 가만히 있을 수가 없어서 일어나 뜨겁게 헌신하는 열정의 사람이 증인이며 순교자가 되는 것입니다.

연일 계속되는 무더위에 비 오듯 땀을 흘리며 아이들과 씨름하는 주일학교 교사들도, 더위에 지쳐서 내 몸 하나 움직이는 것도 게을러지는 때에 성경학교, 수련회 등등 각종 행사에 식당 봉사로 기꺼이 수고하고 땀 흘리는 것, 이 모든 일들이 열정 없이는 못 하는 것들입니다.

"이열치열"이라는 말이 있습니다. 주님은 무더위를 에어컨 바람이 아닌 열정으로 이기는 사람들을 찾고 있습니다. 무더위가 우리의 믿음을 시험하는 도구라면 덥다고 예배를 게을리하겠습니까? 덥다고 봉사를 게을리하겠습니까? 축 늘어지고 게을러지기 쉬운 때에 열정이 있는 믿음이 되어야 합니다. 더위를 주님을 사랑하는 열정으로 이겨내는 믿음이 되기를 축복합니다. (2012. 7. 29)

생존인가 사명인가?

1972년 10월 13일 우루과이의 몬테비데오를 떠난 전세 비행기 한 대가 칠레의 산티아고로 가던 중 악천후로 안데스산맥에 불시착을 합니다. 여기에는 15명의 아마추어 럭비 선수들과 응원단으로 따라가는 친구 25명 그리고 승무원 5명으로 모두 45명이 탑승하고 있었습니다. 눈에 덮인 안데스산맥은 전문가들도 꺼리는 죽음의 계곡입니다. 구조대는 10일간 수색 비행을 하고는 포기해 버렸습니다.

추위와 굶주림과 싸우면서 67일간을 끝까지 견디어 구출을 받은 것은 16명뿐이었습니다. 그들에게 67일간의 생존을 유지하게 해준 것은 죽은 친구의 살이었습니다. 살아남기 위해 부상으로 죽은 친구의 살을 먹은 것입니다.

부상을 당해 여러 날을 앓다가 죽은 니코리처 군이 아버지 앞으로 이런 메모를 남겼습니다. "아버지도 전연 믿기 어려우실 일이 여기서 벌어졌습니다. 죽은 친구의 살을 쪼개 내는 일입니다. 이것 이외에 다른 길은 없으니까요. 저도 이제 오래 살기 어렵다는 것을 알고 있습니다. 내가 죽은 뒤 나의 살이 친구들을 구원하게 되길 진심으로 바랍니다."

이 이야기는 1974년에 베스트셀러가 되었던 「생존」이라는 책에 실린 실화입니다. 죽은 친구의 살을 뜯어 먹고서라도 살아남는 것은 생존 본능입니다.

세상에는 생존을 위해 사는 사람이 있고 사명을 위해 사는 사람이 있습니다. 먹기 위해 일하는 사람은 생존으로 사는 사람입니다. 그들은 "다 먹고 살기 위해 하는 짓"이라고 말합니다. 먹고 살기 위해 도둑질도 하고 먹고 살기 위해 거짓말도 하고 심지어 살인도 했다고 말합니다. 생존을 위해서라면 어떤 잘못도 합리화되고 동정하는 것이 현실입니다. 그러나 지금은 생존을 위해 걱정해야 하는 그런 최악의 상황은 아닙니다. 보통의 사람들은 모두 살 만큼 살고 먹을 만큼 먹고 누릴 만큼 누리고 있기 때문입니다. 그렇다면 이제는 사명을 위해 살아야 합니다. 하루 세끼 밥 굶지 않을 정도의 여유만 있다면, 겨울에 얼어 죽지 않을 만큼의 여유만 있다면 사명을 위해 살아야 합니다. 생존의 기로에서도 사명을 생각하는 사람에게 하나님은 역사하십니다.

어느 장로님이 암 말기로 3개월 정도밖에 살 수 없다는 판정을 받았습니다. 그는 기도하면서 생존을 위한 어떤 노력도 하지 않기로 결심했습니다. 살면 하나님께 영광 죽으면 천국 간다는 마음으로 오히려 남은 3개월 동안 사명을 위해 살기로 했습니다. 그는 누웠던 자리를 박차고 일어나서 병실을 돌면서 전도했습니다. 자신이 3개월 시한부 환자임을 밝히고 밝은 모습으로 전도하는 모습을 보고 "내 병은 저분에 비하면 아무것도 아니다."라고 생각하며 많은 환자들이 위로를 받았습니다. 그 후 3개월이 지나도 장로님은 죽지 않았습니다. 나중에 검사해 보니 암세포가 더 이상 자라지 않고 멈추어 있더라는 것입니다. 하나님이 역사하신 것입니다.

나는 개인도 교회도 생존을 위해서가 아닌 사명을 위해서 존재해야 한다고 가르치며 목회해 왔습니다. 생존의 염려는 주님께 맡기고 사명을 따라 일합시다. "사명자는 죽지 않는다."는 리빙스턴(David Livingstone, 1813~1873)의 말처럼 힘들수록 사명을 따라 움직이는 사람에게 살아 계신 하나님의 능력이 나타납니다. 벌이 힘들어도 육각형 모양의 벌집을 짓고, 철새가 힘들어도 때가 되면 먼 길을 떠납니다. 만약에 그게 힘들다고 하지 않으면 벌이나 철새가 편안할까요? 우리 교회의 사명은 선교하는 일입니다. 최근에 교회 재정에 대한 염려가 많습니다. 매달 재정의 40~50%를 선교비로 쓰지 않는다면 힘들지 않을 것입니다. 그래서 우리 교회의 재정이 힘든 것은 그만큼 가치가 있는 어려움입니다. 자랑스러운 어려움입니다. 이 어려움을 자랑으로 여길 수 있는 그분이 양정인입니다.

(2012. 9. 23)

눈물의 영성을 회복합시다

우리나라 초창기 교회의 특징 중에 하나는 우는 것이었습니다. 죄 때문에 울었고 은혜 때문에 울었습니다. 강단에서는 눈물의 외침이 있었고 기도실에서는 죄와 허물을 회개하는 통곡 소리가 그칠 날이 없었으며 삶에서는 사랑과 은혜에 감격한 눈물의 헌신이 있었습니다. 이렇게 눈물이 풍성한 시기에 한국 교회는 폭발적인 부흥의 시대가 열렸습니다. 그런데 언제부터인가 설교에도 눈물이 없고 기도와 찬송에도 눈물이 마른 시대가 왔습니다.

옛날 바벨론에 끌려갔던 성도들은 하나님을 찬양했던 자신들이 이방인의 술자리 여흥을 위해 기쁨조가 되어야 하는 현실 앞에서 울었다고 했습니다(시 137:1-3). 그런데 오늘날 한국 교회는 교회가 세상 사람들에게 손가락질당하고 조롱을 받아도 울 줄을 모릅니다.

오히려 세상 사람들 보는 앞에서 우리끼리 서로 싸우고 욕심부리고 시기 질투하며, 서로 미워하여 주님의 몸인 교회에 심각한 상처를 입히는 일들을 서슴없이 해왔습니다. 이제 먹을 만큼 먹고, 누릴 만큼 누리다 보니까 살이 찌고 영혼까지 헛배 불러 애통하는 눈물이 마르고 간절한 부르짖음이 멈춰진 것입니다. 문제는 세계 선교 사상 유례가 없을 정도로 급속도로 타올랐던 부흥의 불길이 식고 예배 제단의 불이 꺼져가고 있는데도(레 6:12-13) 우리는 그 원인과 이유조차 깨닫지 못하고 있다는 것입니다.

지금까지 한국 교회 지도자들과 교인들이 보여준 갈등과 분열, 거룩해야 할 교회 내부에 존재하는 이기적이고 세속적인 모습들, 세상에 내놓으면 너무도 부끄럽고 그렇다고 덮어도 안 되는 우리의 자화상이 주님께서 붙들고 계신 촛대를 옮길 수도 있게 하는 불 꺼진 현상들입니다. 이런 현상은 곧바로 교회에 대한 신뢰도 하락으로 나타났고 교회를 향한 세상의 비난과 수많은 안티 기독교 세력을 만들고 그들의 활동에 에너지를 공급하는 결과를 가져왔습니다.

기독교 윤리 실천 운동본부가 2010년에 실시한 "한국 교회의 신뢰도 조사"에서 불신자들이 한국 교회를 신뢰한다는 대답은 8.2%에 그친 반면 신뢰하지 않는다는 55.4%나 되었습니다. 이런 불신의 이유 1위가 교회 지도자들의 언행 불일치 때문이라고 했습니다. '설교와 삶, 신앙과 생활이 다르다.'는 것입니다. 그 결과 한국 교회는 심각한 침체기에 접어들게 되었습니다. 〈기독타임즈〉 2009년 6월 23일자 "한국 개신교 최근 동향"이라는 제목의 기사에서 1995-2005년 사이에 교회를 빠져나간 사람이 무려 760만 명으로 추산된다고 보도하였습니다. 이렇게 가다가는 앞으로 20년 후의 한국 교회의 모습이 암담합니다.

수평 이동으로 부흥되는 서울의 몇몇 대형 교회들이 오늘 한국 교회의 모습이 아닙니다. 문 닫는 도시 개척교회들과 주일학교가 없는 교회들과 60대가 청년이라고 말하는 시골 교회의 모습이 우리의 자화상입니다. 개척교회가 안 되는 것이 세상 탓이 아닙니다. 문 닫은 개척교회를 다른 종교에서 인수해서 법당으로 만들고 건물 꼭대기 십자가의 끝을 휘어서 그 종교의 상징으로 만들어버린 것이 어느 일간지에 보도된 적이 있습니다.

이제는 울어야 합니다. 이제라도 옷을 찢지 말고 마음을 찢고 상한 심령이 되어 눈물로 회개해야 합니다. 히스기야가 죽게 되었을 때 벽을 향하고 통곡하며 울 때 살길이 열렸습니다. 이제 우리 각자의 마음에 통곡의 벽을 만들고 한국 교회의 현실을 바라보며 울어야 합니다. 눈물의 영성을 회복하는 길만이 한국 교회가 살길입니다. 우리 자신의 허물과 죄를 회개하며 울고 자신을 용납하시고 죄를 사하신 십자가의 사랑 때문에 울고 마음을 낮추어 겸손하게 이웃을 섬기며 봉사하고 베푸는 선교적인 삶을 사는 것 그것이 우리가 회복하여야 할 눈물의 영성입니다.

(2013. 8. 11)

성지 순례의 여행을 마치고

지난 열흘간의 여행을 마치고 돌아오니 가을의 막바지에 접어든 느낌이 물씬 풍겼습니다. 산하를 곱디곱게 물들인 단풍은 제대로 볼 새도 없었는데 벌써 마당을 뒹굴고 있습니다. 곡식을 거둬들인 들녘에 감도는 공허함과 제법 차가워진 바람결에 실려 온 가을비는 더욱 을씨년스러움을 가슴까지 파고들게 합니다. 이렇게 또 한 계절이 가고 또 한 계절이 오는구나 하는 상념에 잠겨 봅니다.

이번 터키와 그리스를 여행하면서 바울 사도가 선교적 소명감으로 밟았던 땅을 우리도 밟으며 그가 가졌던 선교의 열정을 느낄 수 있었고 요한계시록에 나오는 소아시아 일곱 교회의 유적지를 답사하면서 초기 성도들의 뜨거운 신앙과 주님을 향한 헌신적인 사랑의 열기를 느낄 수 있었습니다. 그리스도인이라면 평생에 한번쯤은 관광이 아닌 견학 차원에서 다녀가면 좋겠다고 생각했습니다. 왜냐면 우리가 믿는 신앙의 역사성을 확보할 수 있고 내 믿음의 현주소를 발견할 수 있기 때문입니다.

예루살렘에서 시작된 복음이 바울에 의해 로마에 전파되었을 당시 기독교는 엄청난 핍박과 박해에 직면했습니다. 당시 유행했던 헬라 철학과 고대로부터 사람들의 마음속에 깊게 뿌리내리고 있던 이방 신화의 영향, 그리고 AD 14년 '아구스도' 황제가 죽자 로마 원로원이 그를 신으로 인정한 후 '도미티안' 황제 시대에 최고조에 달했던 황제 숭배 사상과 세계를 지배하던 거대한 로마의 정치권력과 그들이 일구어 놓은 화려하고 웅장한 이교도적인 세속 분명의 입상에서 볼 때 **무명**의 유대인 예수가 십자가에 죽음으로 온 인류가 생명을 얻는다는 복음은 아주 보잘 것 없고 무능하게 보였을 것이기 때문입니다.

게다가 하나님 외에 다른 신을 인정하지 않는 유일신 사상과 오직 예수외에 구세주가 없다는 복음의 핵심 내용은 당연히 황제 숭배를 거부할 수밖에 없었고 이러한 믿음은 로마 정부에 대항하는 것으로 비치며 극심한 핍박에 직면하지 않을 수가 없었습니다.

우리는 핍박받던 시대에 만들어진 '데린쿠유'라는 지하도시를 방문했습니다. 성도들이 이방신과 황제 숭배를 거부하고 신앙을 지키기 위해 얼마나 피눈물 나는 삶을 살았는지 그 역사의 현장에서 오늘 모든 자유와 풍요로움에 취해서 주님을 위한 작은 고난도 감당치 못하고 불평하고 원망하며 심지어 신앙을 버리는 일까지도 빈번한 이 시대 우리의 모습을 생각하며 한없이 부끄러워짐을 느꼈습니다.

지하로 내려가는 길은 지금은 관광객들을 위해 넓혀 놓았다고 하는데도 한 사람이 간신히 지나갈 정도로 좁았습니다. 지금은 지하 60m 아래까지 관광객들에게 개방하고 있는데 최고 200m 지하까지 좁은 통로와 로마 병사들의 추적을 피하기 위해 거미줄처럼 얽힌 굴을 만들어 놓았다고 합니다. 1~2년도 아니고 사도 바울에 의해 이 지역에 복음이 전파된 후 적어도 300년 가까운 세월을 지하에서 지냈을 당시 성도들의 믿음과 마음이 느껴졌습니다. 단 한 마디, '황제가 신이다.' 그 말 한마디면 모든 삶에서 풍요와 자유가 보장되던 시대에 예수님을 모신 마음에 또 다른 신을 모실 수가 없어서 지하로 숨어들어 약 300여 년을 살았던 당시 성도들의 신앙과 그 헌신이 내 마음 한구석에 애련하게 느껴지며 고개를 숙일 수밖에 없었습니다.

보통 아침 5시 정도에 일어나서 식사를 하고 아침 예배를 드리고 7시에서 7시 30분 정도에 하루의 일정을 시작해서 밤 9시가 되어야 숙소로 돌아오는 고단한 일정이었지만 행복하고 은혜가 넘치는 시간이었습니다.

우리를 안내하는 선교사님의 은혜로운 간증과 함께한 우리 일행들의 서로를 배려하는 마음들이 합해져서 더욱 행복한 시간이었습니다. 함께 가지는 못했지만, 기도로 동행한 모든 성도들과 더불어 이 은혜를 나누고 싶습니다.   (2013. 11. 10)

기도는 하나님과 함께 생각하는 것!

　우리나라가 OECD 국가 중에서 자살률 1위 국가라고 압니다. 하루 평균 43.6명 33분에 한 명씩이 스스로 세상을 등지고 있습니다. 자살을 택하는 사람들의 공통적인 심리는 다 끝났다는 '절망감'과 홀로뿐이라는 '고독감'입니다. '마지막이다', '끝이다', '망했다', '혼자뿐이다'라는 절망적이고 부정적인 마음의 생각들이 자살을 택하게 하는 것입니다. 사람은 생각에 따라 살기도 하고 죽기도 하는 존재입니다. 그래서 한순간의 생각이 중요합니다.

　어떤 미국 사람이 독일의 어떤 마을을 여행하다가 너무도 목이 말라서 어느 호수에서 물을 마셨습니다. 정신없이 물을 마신 후에 옆을 보니 'POISON'(영어로 독약)이라는 푯말이 있었습니다. 갑자기 배가 아프기 시작했고 이제 곧 죽을 것이라는 생각에 사로잡혀 병원으로 달려갔습니다. 그리고 진찰하는 의사에게 독약(POISON)을 마셨다고 말했습니다.

진단을 마친 의사는 껄껄 웃으며 'POISON'은 영어로는 독약이지만 불어로는 '낚시금지'라는 말이라고 설명했습니다. 의사의 말을 듣자 아프던 배가 씻은 듯이 나았습니다. 결국 독약이 그를 아프게 하였다가 치료가 그를 아프지 않게 한 것이 아니고, 그를 아프게 하였던 것도, 안 아프게 한 것도 모두 그의 생각이었던 것입니다. 그래서 생각은 중요합니다.

로마의 시인이었던 버질(Vergil)은 "사람이 무엇을 할 수 있는 것은 그가 할 수 있다고 생각하기 때문이다."라고 했습니다. 에머슨도 "모든 사람의 열쇠는 그의 생각이다. 그 사람의 됨됨이는 하루 종일 무엇을 생각하느냐에 달렸다."라고 했습니다. 그런데 생각은 내 것 같은데 내 것이 아닐 때가 있습니다. 온갖 근심과 걱정으로 가득 차기도 합니다. 원치 않는 불안함과 우울함과 슬픔과 절망으로 가득 채워지기도 합니다. 이럴 때 생각을 바꿀 필요성이 있습니다.

폐결핵 악화로 시한부 인생을 선고받은 젊은이가 있었습니다. 20대 초반의 이 젊은이는 극도의 절망감에 몸부림치며 하나님께 기도했습니다. 기도하는 중에 "죽는 시간을 기다리기보다 남은 시간을 하나님께 바치자."라는 생각으로 마음이 바뀌었습니다.

그는 즉시 빈민굴에 들어갔습니다. 그리고 가난한 사람들과 소외된 사람들을 위해 헌신했습니다. 그런데 놀랍게도 이 청년은 50여 년을 더 살았습니다. 이 이야기의 주인공은 「사선을 넘어서」를 써서 지구 상의 수많은 사람들에게 삶의 고귀함과 희망을 깨우쳐 준 일본의 성 자로 불리는 가가와 도요히코입니다. 가가와 도요히코를 살게 한 것은 생각의 변화입니다.

우리는 기도할 때 환경이 바뀌기를 위해 구하지만, 하나님은 환경을 바꾸기 전에 먼저 우리의 생각을 바꿔주십니다. 생각이 바뀌면 문제를 보는 시각이 달라집니다. 그리고 아무리 힘들고 절망적인 환경이라도 극복할 수 있는 에너지가 생각에서 나오게 됩니다. 그 사람의 마음속 생각이 어떠냐에 따라서 어떤 사람이냐가 결정되는 것입니다(잠 23:7).

하나님은 바울의 글을 통해서 "아무것도 염려하지 않고 감사함으로 기도하면 예수 그리스도 안에서 우리의 마음과 생각을 지켜주신다(빌 4:6~7)"라고 말씀하셨습니다.

기도하는 사람의 생각을 지켜주시겠다는 것입니다. 기도하는 사람의 생각은 언제나 긍정적이며 희망적이며 생산적입니다. 하나님이 생각을 지켜주시기 때문입니다. 기도는 나의 문제를 하나님과 함께 생각하는 것입니다. 그러기에 기도하는 사람은 고독감을 이길 수 있습니다. 내 문제를 하나님과 함께 생각하고 고민하는 한, 고독감이나 절망감에 사로잡힐 이유가 없는 것입니다. 기도합시다. 하루에 한 시간 이상씩 기도를 저축합시다.

이제 여름 내내 늘어졌던 마음의 허리끈을 꽉 조이고 기도의 전선에 과감하게 섭시다. 성도가 기도를 멈추면 영적 생명력이 없어집니다. 그러나 성도가 기도를 시작하면 하늘의 보좌가 움직입니다. 기도는 전능하신 하나님, 우리를 사랑하시는 아버지께 나아가는 것입니다. 어떤 어려움이나 문제 앞에서도 혼자 있지 마십시오. 죽음 같은 고독감이나 절망감이 덮쳐 와도 기도하는 사람은 절대로 혼자가 아닙니다. 기도는 나의 문제를 하나님과 함께 고민하고 생각하는 것이기 때문입니다.

(2014. 8. 24)

양정인의 정체성 확립

하나님의 은혜도 시난주일 밤부터 금요일 밤까지 제11치 견 교인 청지기 훈련 집회를 은혜 가운데 성황리에 마쳤습니다. 2004년 첫 번째로 시작한 이래 2011년 한 해만 제외하고 12년을 실시했습니다. 이제 10년을 넘게 시행함으로써 우리 교회만의 또 하나의 트레이드 마크와 같이 되었습니다.

청지기 집회는 정체성 훈련의 시간입니다. 적어도 예수 믿고 양정교회에 출석하는 사람들이라면 예수님께서 "너희는 세상의 빛"이라고 하신 '그리스도인으로서의 정체성'에 담임목사의 목회철학과 목회 비전을 담아 양정 교인으로서의 정체성을 확립하자는 것이 청지기 집회의 목적입니다.

양정인의 정체성은 기본적으로 3대 정신과 3대 성품으로 구성되어 있습니다. 사람은 영적인 존재이기에 정신에서 삶의 철학이 나오고 사고와 행동 양식이 결정됩니다. 정신은 사람의 마음을 세워주는 뼈대와 같아서 정신이 살아 있으면 어떤 경우에도 흔들리지 않고 어떤 상황 속에서도 절망하지 않습니다. 그래서 하나님은 심지(心志)가 견고한 사람을 축복하신다고 했습니다(사 26:3). 그것은 정신력이 살아 있는 사람, 하나님을 섬기는 믿음과 헌신에 있어서 지조 있고 뼈대 있는 사람을 하나님이 기뻐하시고 축복하신다는 것입니다.

양정인의 3대 정신은 '위하여 정신', '주라 정신' '희생 정신'입니다. 양정인은 하나님을 위하여, 이웃을 위하여, 그리스도의 몸 된 교회를 위하여 살아야 한다는 강한 소명 의식에서 출발한 '위하여 정신'과 내가 하나님께로부터 받은 것을 나누는 '주라 정신'과 한 알의 밀알처럼 땅에 떨어져 썩어질 때 비로소 참 생명을 얻게 된다는 '희생 정신'을 가져야 한다는 것입니다.

이 정신이 밖으로 드러날 때 너희는 세상의 빛이라고 하신 빛의 정체성이 드러나게 되고 빛의 정체성은 빛이 가진 세 가지 특성에 따른 친절성, 정직성, 헌신성에 의해 세상 사람들에게 착한 행동으로 인식되어집니다.

저는 양정교회를 개척하여 목회하여 온 지난 29년 동안 일관성 있게 가르치고 외쳐온 것이 있습니다. 그것은 선교하는 교회였습니다. 선교란 세상 속에 그리스도를 드러내는 것입니다. 그리스도를 말로가 아니라 삶의 모습으로 드러내자는 것입니다. 그래서 교회 밖의 사람들이 우리의 삶을 보고 하나님이 살아 계신 것과 하나님이 얼마나 사람을 사랑하시며 은혜를 베푸시는지 그리고 하나님이 세상을 구원하는 방식인 십자가의 복음이 얼마나 큰 축복인지를 알고 그들의 입으로 살아 계신 하나님께 영광을 돌리게 하고 인생들의 주인이신 예수님께로 돌아오게 하자는 것입니다.

지금 우리가 살고 있는 이 시대는 말로는 안 통하는 시대입니다. 무엇인가 눈으로 확인하고 보아야 믿는 시대입니다. 이러한 멀티미디어 시청각 시대를 사는 사람들에게는 진리를 그들의 눈으로 확인할 수 있도록 보여 주어야 하는 것입니다.

우리가 보여 주어야 할 진리는 베드로처럼 앉은뱅이를 일으킨 초자연적인 기적이 아닙니다. 바울처럼 독사에게 물려도 죽지 않는 이적을 보여 주자는 것이 아닙니다. 이 세상 사람들이 우리들에게서 그러한 어마어마한 기적을 보고자 하는 것이 아니라 교인들의 삶에서 잔잔히 묻어나는 예수님의 정신과 예수님의 성품을 보기를 원하고 있는 것입니다.

우리는 지금까지 천국을 말하면서 이 세상 것을 더 사랑하는 모습을 보여 왔고 하나님의 용서를 전하면서 자신은 이웃의 작은 것 하나도 용서하지 못하고 다투고 싸우는 모습만 보여 왔기에 세상이 우리에 대하여 실망하고 있는 것입니다. 이제는 우리의 정신과 마음이 예수의 사람, 천국을 목적하는 사람이라는 정체성을 확립해야 합니다. 친절성, 정직성, 그리고 헌신성이야말로 우리가 하나님을 위해서 세상에 나타내야 할 예수님의 마음이며 양정인의 성품인 것입니다.

사람들이 우리의 따뜻하고 부드러운 친절성과 올곧고 강직한 정직성과 언제나 낮아지고 겸손한 헌신성을 보고 살아 계신 하나님께 영광을 돌리고 하나님이 그들을 위해 예비하신 구원의 복음을 받아들이게 해야 하는 것입니다. 이제 양정인의 정체성을 확립하여 참 빛 예수 빛으로 전하고 삶으로 전합시다. 그래서 세상 사람들이 우리를 보고 살아 계신 하나님께 영광을 돌리게 합시다.

(2015. 1. 11)

안방 영성에서 광야 영성으로 :

눈물 방으로 들어가기

옛날의 방은 집 안에 있는 안방, 건넌 방 정도였습니다. 집 밖에 있는 방은 기껏 다방과 복덕방 정도였습니다. 그런데 다방과 복덕방은 고전적이어서 그런지 지금은 다 없어졌습니다. 다방 대신 커피전문점인 카페가 생기고 복덕방이 부동산이 되었기 때문입니다. 그런데 몇 해 전부터 갑자기 방들이 많아지기 시작했습니다. 노래방, 찜질방, pc방, 소주방, 대화방, 빨래방, 게임방, 놀이방, 비디오방, DVD방, 채팅방 등등입니다. 그런데 얼마 전에는 이색적인 방이 또 하나 생겼습니다. 우리나라 얘기는 아니고 중국의 이야기입니다.

이름하여 '눈물의 방' 입니다. 난징 시내 한 호텔 1층에 '쿠바'라는 눈물의 방이 문을 열었는데 이곳은 울고 싶은 사람들이 실컷 울고 갈 수 있는 시설을 갖췄다고 합니다. 1시간 동안 실컷 울고 가는데 50위안(우리 돈으로는 약 8,500원)의 입장료를 내야 한다고 합니다. 눈물의 방에 들어가면 사무용 책상 위에 빗과 고춧가루물, 통마늘 등이 준비되어 있고 울다가 집어던질 수 있는 유리잔, 인형 등도 준비되어 있다고 합니다. 하루 평균 10여 명이 찾아오는데 대부분은 여자 손님들이라고 합니다.

눈물에는 생리적인 눈물도 있고 정서적인 눈물도 있습니다. 생리적인 눈물은 눈에 짜고 매운 이물질이 들어갔을 때 마음 상태와 상관없이 흐르는 것입니다. 반면 정서적인 눈물은 사람의 희로애락과 관련되어 마음 상태에 따라 흐르는 눈물입니다. 기쁘고 행복할 때도 눈물이 나고 누군가로부터 뭉클한 감동이 마음에 느껴질 때도 감동의 눈물이 흐릅니다. 그리고 슬프고 아프고 답답할 때도 말로 할 수 없는 눈물이 흐르기도 합니다. 이러한 정서적인 눈물에는 그 사람의 사정 즉 억울함과 답답함 그리고 힘들고 아픈 상처들이 녹아있습니다. 그래서 한바탕 울고 나면 속이 후련해지고 답답함이 조금 가시는 카타르시스라는 정서적 순화 현상이 일어납니다.

현대인들은 잘 울지 않습니다. 아니 울고 싶어도 체면 때문에 못 울고 자존심 때문에 못 울 때도 있습니다. 그러나 울고 싶은 마음마저 없는 것은 아닙니다. 울고 싶은데 울 수 없는 각박한 세상에 살고 있습니다. 기쁘고 행복한 일들보다 힘들고 답답하고 억울하고 속상한 일들이 많아서 마음껏 울고 싶은데 그 눈물마저 메말라져 있는 세상이라면 이 세상이 얼마나 메마르고 건조한 세상일까요?

누구인들 한숨 쉬고 걱정하고 울며 살기를 바라겠습니까? 그러나 내 뜻대로 안 되는 것이 세상일입니다. 그래서 이 세상은 눈물 골짜기입니다. 이 눈물 골짜기를 통과하는 것이 삶입니다. 이 눈물 골짜기에 눈물 방을 하나씩 만들어 봅시다. 눈물 방으로 들어가는 통로가 기도입니다.

눈물 방으로 들어가 통곡하며 부르짖는 기도는 하나님의 보좌를 움직입니다. 하나님이 들으신다는 것입니다. 베드로는 예수님을 세 번 부인하고 밖에 나가서 통곡하며 울며 회개하였습니다. 엘리야는 사역에 따른 피로가 쌓이고 쌓여 지친 나머지 더 이상 감당할 수 없어서 로뎀나무 아래 쓰러져 죽기를 구하며 통곡했습니다. 야곱도 얍복강 나루터에서 천사와 씨름하며 통곡하며 울었습니다. 통곡하며 기도할 때 하나님을 만났습니다. 눈물 방에서 하나님을 만난 사람들은 새로운 사람이 되고 과오와 연약함을 딛고 위대한 사람으로 세워졌습니다.

예수 그리스도는 인류의 죗값을 지고 고난의 길을 가면서 뒤에서 울면서 따라오는 여인들에게 "나를 위해 울지 말고 너와 네 자녀를 위해서 울라."고 하셨습니다. 예수님이 우리가 울어야 되는 존재임을 말씀하신 것입니다. 우리 모두 마음에 눈물 방 하나씩 만들어놓고 기도로 그곳에 나아가 주님의 목전에서 마음껏 울어봅시다. 눈물 방에서 역사하시는 하나님의 은혜를 누려봅시다.

(2015. 4. 26)

언제나 연휴인 날들이 오기 전에

어떤 분이 '2044년까지 꼭 살아야 하는 이유'라는 제목의 문자를 보내왔습니다. 무슨 내용인가 하고 자세히 봤더니 2044년 10월 첫 주는 우리나라 건국 이래 처음 있는 가장 긴 연휴가 있기 때문이랍니다.

10월 1일은 토요일로 휴일이고, 10월 2일은 일요일로 휴일, 10월 3일 월요일은 개천절로 휴일, 10월 4일은 화요일로 추석 전날 연휴, 10월 5일은 수요일로 추석, 10월 6일은 목요일로 추석 연휴, 10월 8일 토요일은 휴일, 10월 9일 일요일로 한글날, 여기서 10월 7일 목요일이 문제인데 목요일은 그 해 한글날이 일요일이므로 대체 휴일로 지정하여 쉬게 되면 1일부터 9일까지 연휴가 연결되는 것입니다.

어떤 사람이 그런 계산을 했는지 머리가 기가 막히게 좋은 사람, 아니 요즘은 컴퓨터로 간단히 알 수 있으니까 머리 좋은 것은 관계없다 치고 참으로 할 일이 없는 사람이거나 아니면 머리가 참 잘 돌아가는 사람일 거라는 생각을 했습니다.

　우리나라 건국 이래 처음 있는 가장 긴 연휴를 보기 위해서 2044년까지 살아남으라는 발상이 재미있습니다. 저는 문득 그때 내 나이를 생각해 봤습니다. 계산해 보니까 2044년에는 87세가 나왔습니다. 어쩌면 그 긴 연휴를 볼 수도 있겠다는 생각이 들어 몇 분이 있는 자리에서 얘기했더니 모두 "목사님! 그 나이에는 항상 연휴예요"라고 했습니다. 듣고 보니 그랬습니다. 은퇴하면 어느 특정한 날이 연휴가 아니라 항상 연휴가 될 것입니다. 언제나 연휴, 그날이 오기 전에 더 열심히 일하고 열심히 살아야 하겠다고 생각해 봅니다.

　서울의 마포에 있는 양화진 외국인 묘역에 가보면 "나는 웨스트민스터 사원에 묻히기보다 한국 땅에 묻히기를 원하노라."라고 쓰인 묘비 하나를 발견할 수 있습니다.
　헐버트 선교사(Hulbert, Homer Bezaleel 1863~1949)의 묘비입니다. 개화기 시대 1882년 한미수호 조약이 체결되고 견미단(見美團)이 미국을 다녀온 후로 고종황제는 미국에 영어 선생을 보내 달라고 요청하였고, 그 요청에 따라 3명의 젊은이가 언어 교사로 조선에 오게 되는데, 그 중 한 분이 바로 헐버트 선교사입니다.
　1884년 일제의 강요에 의한 을사 늑약이 체결될 무렵 국권의 위협과 비운의 상황을 세계에 간곡하게 알릴 필요를 느끼고 있을 때 헐버트 선교사는 고종 황제의 밀서를 가슴에 품고 태평양을 건너가 조선의 암담한 상황을 세계에 알리는 일에 헌신하였습니다.

이러한 그의 조선을 사랑하는 마음은 일제에 '친한파' 인사로 눈엣가시처럼 여겨지게 되었고 결국 1908년 강제로 추방되어 조선 땅을 떠나게 됩니다. 그는 본국으로 돌아가서도 조선 유학생을 도와주며 조선독립을 위해 최선을 다합니다. 우리나라 초대 대통령인 이승만 대통령도 미국에서 공부할 때 헐버트의 도움을 많이 받았습니다.

해방 후 이승만 대통령은 헐버트와의 우정과 그의 조선 사랑을 기억하고 한국에 초대하였고, 40년 만인 1949년 8월, 86세의 노구를 이끌고 다시 한국으로 오게 되었는데 방문 기간 중에 하나님의 부르심을 받아 그의 평생의 소원대로 한국 땅 양화진 외국인 묘역에 묻히게 됩니다. 그의 조선을 사랑했던 마음은 씨앗이 되어 한국에 심어졌고 오늘날 수많은 열매를 맺고 있습니다.

우리 교회는 29년 동안 선교의 씨를 뿌렸습니다. 하나님은 결코 우리의 눈물로 뿌린 씨앗들을 헛되게 두지 않을 것입니다. 우리나라에 복음의 씨를 뿌리기 위해 그 먼 태평양을 건너와 피와 땀과 눈물을 다 쏟았던 서양 선교사님들의 헌신의 열매가 바로 오늘 '우리들'인 것처럼 지금 우리가 보낸 선교사들이 흘리는 땀과 눈물 그리고 그들을 보내고 지원하기 위해 애쓰는 우리 모두의 헌신은 결코 헛되지 않을 것입니다.

선교는 방법의 문제가 아니라 마음의 문제입니다. 우리 자신이 낮아지지 않으면 복음의 씨를 심을 수 없습니다. 겸손하고 섬기는 자세가 아니면 진정한 선교는 이루어질 수 없습니다.

우리 마음에 사랑, 즉 영혼에 대한 진정한 사랑이 있는가가 중요합니다. 어떤 나라와, 민족 그 사람들에 대하여 나와 아무런 관련이 없음에도 불구하고 오직 하나님이 그들을 사랑한다는 것, 그 하나로 하나님의 마음을 가지고 다가가는 것이 선교입니다.

시간은 흐르고 우리네 삶에 그 바쁘고 분주한 삶이 멈춰지고 항상 연휴인 날들이 불현듯 앞에 닥칠 것입니다. 그날들이 오기 전에 힘써서 주님을 섬기고 더욱 힘써 주님의 명령을 받들어 갑시다.

(2015. 9. 20)

안방 영성에서 광야 영성으로 :

감동이 흐르게 합시다

1990년대 그룹 '틴틴 파이브'의 멤버이며 개그맨이었던 이동우 씨는 결혼하고 100일이 지난 뒤 망막색조변성증이라는 병으로 시력을 잃었습니다. 망막색조변성증이란 일반적으로 10세 전후에 야맹증으로 시작하여 수십 년에 걸쳐 서서히 진행하다가 갑자기 시력을 잃게 되는 병으로 현재로서는 안구 이식 외에 특별한 치료 방법이 없는 불치병입니다.

하루하루 낙심과 절망에 빠져 지내던 그에게 어느 날 희망의 소식이 들렸습니다. 그것은 이동우 씨의 안타까운 사연을 들은 천안에 사는 한 40대 남성이 그에게 눈을 기증하겠다는 의사를 밝혀온 것입니다. 이동우 씨는 뛸 듯이 기쁜 마음으로 그를 만나기 위해 한걸음에 달려갔습니다. 하지만 그 남성의 눈을 기증받지 않고 그냥 돌아왔습니다. 아니 기증받을 수가 없었습니다.

어느 날 기자가 "왜 그냥 돌아왔느냐."라고 묻자 그는 "이미 받은 거나 마찬가지입니다. 그분은 저에게 세상을 보는 눈을 주셨기 때문입니다."라고 대답했습니다. 그에게 눈을 기증하겠다는 그 남성은 사지를 쓰지 못하는 환자였습니다.

몸의 모든 근육에 점점 힘이 빠져서 나중에는 서지도 걷지도 못할 뿐 아니라 호흡곤란을 가져오게 하는 '루게릭병'이라고 하는 근육병을 앓는 환자였던 것입니다. 사지를 못 쓰는 그에게 오직 성한 곳은 두 눈밖에 없었습니다. 그런데 그가 자신의 가장 소중한 눈 하나를 주겠다는 것입니다. 이동우 씨는 할 말을 잃었습니다. 마음에 감동의 물결이 넘쳐 났습니다.

시력을 잃는 아픔 속에 절망해야 했던 그때 그에게 마음의 눈을 열게 해 줬던 그 감동이 에너지가 되어 현재 이동우 씨는 정상 시력의 5%만 남아있는 1급 시각장애인이 되었지만, 그 누구보다 씩씩하게 현실을 살아가고 있습니다.

2010년에는 자신의 이야기를 담은 <open your eyes> 연극의 주인공으로 활약하기도 하고 「5%의 기적」이라는 책을 써서 출간했고 평화방송 '오늘이 기적입니다'라는 프로를 진행하며 여느 정상인 못지않은 활기찬 삶을 살고 있습니다. 그에게 눈을 기증하려 했던 그분의 마음이 절망과 좌절에 빠져 있던 그에게 놀라운 감동을 주고 그를 변화시켰던 것입니다.

오늘날 우리의 삶은 삭막하고 각박하기 그지없습니다. 인정과 감동이라고는 찾아보기 어려운 세상이 되었습니다. 서로 비난하고 욕하며 멈출 줄 모르는 경쟁 속에서 지쳐가며 서서히 죽어가고 있습니다. 마음들이 메말라져서 어지간한 충격이 아니면 꿈쩍도 안 합니다. 물론 감동도 잘 받지 않습니다. 이러한 세상에 모든 그리스도인은 감동으로 세상을 정복해야 합니다. 예수님이 끼쳐주신 감동 때문입니다.

하나님의 아들 예수께서 십자가에 죽으심으로 인류에게 살길이 열렸습니다. 그가 가시에 찔리고 채찍에 맞고 십자가 형틀에 죽임당했으므로 하나님 심판의 법정에서 영원한 지옥 형벌에 처해질 죄인들에게 용서의 길이 열린 것입니다. 누구든지 예수 그리스도가 자신의 죗값을 대신하여 죽으심을 시인하고 예수님을 자신의 구주로 믿고 입으로 고백하면 사죄의 길이 열립니다.

그러므로 모든 그리스도인은 십자가 은혜에 감격하는 사람들이기에 신앙생활의 모든 동기는 은혜와 사랑에 대한 감동에서 출발해야 합니다. 목사가 목회하는 것도 선교사가 선교하는 것도 교인들이 교회를 섬기고 예배당에 모여 예배를 드리고 각종 모임을 갖고 헌금을 드리고 교회에서 직분을 받는 것도 십자가를 통한 구원에 대한 감사와 감격에서 출발해야 합니다.

감동은 저절로 만들어지지 않습니다. 예수님이 우리에게 끼쳐주신 감동이 그랬듯이 희생이 감동을 만들어냅니다. 그리고 배려와 이해, 섬김의 토양에서 자라고 꽃이 피고 열매를 맺습니다. 서로 잘나고 교만하고 자기를 주장하고 남을 비난하고 정죄하는 토양에서는 감동의 씨앗은 싹을 틔울 수도 없고 자랄 수도 없습니다.

서로 불쌍히 여기고 용서하고 끌어안고 쓰다듬어주는 토양에서 감동의 싹이 자라고 놀라운 열매를 맺게 되는 것입니다. 감동의 물결이 넘치는 곳에서 사람들은 변화되고 삶의 용기와 의욕이 일어나며 희망의 빛이 밝아집니다. 교회 안에 감동의 물결이 흐르고 그 물결이 세상을 덮어서 교회 밖의 사람들이 감동받아 하나님을 찬양하게 합시다.

(2015. 10. 18)

위기는 기회다

한국 교회는 지금 큰 위기의 순간에 봉착하였습니다. 교인 숫자가 급격히 줄고 있고 교회 밖에서는 교회에 대한 부정적인 시각이 최고조에 달해서 전도가 안 되고 부모 세대의 신앙을 이어가야 할 다음 세대가 잘 준비되지 않고 있기 때문입니다. 그런데 이러한 위기 앞에 더 큰 위기들이 다가오고 있습니다. 더 큰 위기는 무엇일까요?

첫째 교회 안에 자리 잡은 황금 우상입니다.

"나 외에 다른 신을 너희 앞에 두지 말라."는 기독교의 절대적 신앙이 황금, 즉 돈의 위력 앞에 심각한 위기를 맞고 있습니다. 교우들의 마음속에는 하나님보다 돈에 대한 열망이 더 큽니다. 입술로는 하나님의 살아 계심과 능력을 외치면서도 막상 돈의 위력 앞에 모두 쩔쩔매며 쉽게 굴복하고 맙니다.

하나님을 복을 주는 대상으로만 인식하는 것입니다. 그럴 경우 신앙생활하면서 작은 어려움만 닥쳐도 하나님께 대한 실망감을 노골적으로 표현합니다. 소위 신앙생활하다가 시험에 들고 교회를 떠나는 사람들이 이런 경우에 해당합니다. 황금 우상에 매이면 하나님은 수단이 되고 돈과 성공, 명예와 출세가 목적이 됩니다. 복을 주시는 분이 여호와라면 화를 주는 것도 감사하다는 욥의 신앙으로 황금 우상을 극복해야 합니다.

둘째는 개방적이고 향락 지향적 문화 의식입니다.

인류 문명은 고대로부터 개방적이고 향락을 추구하는 쪽으로 발전해 왔고 앞으로도 그럴 것입니다. 그러나 인간이 기본적으로 간직해야 할 도덕적 가치와 윤리 의식이 무너지면 결국 그 사회는 자멸하게 됩니다. 동성애자의 도시 소돔과 고모라가 그랬고 퇴폐와 향락의 고대 도시 폼페이가 그랬습니다. 찬란했던 로마 제국이 망하게 된 것도 황족들과 귀족들의 쾌락을 추구하는 문화가 극에 달했기 때문입니다. 개방적이고 향락 지향의 문화 의식은 기독교의 절대적 가치들을 부정하고 영원한 내세보다 당장 이 세상에서의 쾌락을 추구하게 하므로 기독교의 크나큰 적이 아닐 수 없습니다.

셋째는 동성애와 차별 금지법입니다.

동성애 문제를 어떻게 대처하느냐에 따라 한국 기독교의 미래가 달려 있습니다. 한때 엄청난 부흥을 경험했던 서구 유럽의 교회들이 동성애 문제를 인권적 차원에서 다루는 차별 금지법에 대해 미온적으로 대처하고 허용한 결과 차별 금지를 넘어 성경 진리가 위법이 되는 일이 일어나면서 기독교가 심각하게 위축되었습니다.

지난 20일 자신이 레즈비언(여성 동성애자)임을 당당히 밝히고 총학생회 선거에 나섰던 김보미 씨가 53%의 투표율에 86%가 넘는 찬성으로 서울대 총학생회장에 당선되었습니다. 우리나라의 다음 세대를 이끌어 갈 젊은이들이 동성애에 대하여 이 정도로 호의적이라는 것이 놀라울 뿐입니다. 앞으로 동성애 문제는 "성적 취향"이라는 말로 미화되어 성소수자 인권 보호라는 차원에서 법제화될 것입니다. 그 과정에서 기독교 진리가 불법화되는 일이 발생하여 한국 교회가 위축될 가능성이 큽니다.

넷째는 이슬람의 약진입니다.

이슬람은 숫자가 미미할 때는 평화의 종교로 위장하지만, 어느 정도 세력이 커지면 전쟁이나 테러를 통해서라도 한 나라를 이슬람화 하는 전략을 쓰고 있습니다. IS 같은 테러 학살 집단을 움직이는 것이 이슬람의 근본주의 교리라는 사실을 잘 인식해야 합니다.

현재 국내에 45만 명의 무슬림들이 있다고 합니다. 그중에 적어도 30,000명 이상은 한국을 이슬람화하기 위해 파송 받고 온 선교사들입니다. 그들은 일부다처제에 다산(多産) 정책을 통해 인구를 꾸준히 늘려가다가 숫자가 많아지면 테러나 정치적으로 영향력을 행사하여 법과 제도를 바꾸는 방식으로 접근합니다.

위기라 해서 절망할 필요는 없습니다. 위기란 한자로 풀어보면 위험(危險)과 기회(機會)가 공존하는 현상을 말하는 것입니다. 위기를 인식하고 잘 대처하면 기회로 바뀔 수 있다는 것입니다. 위기를 기회로 바꾸는 것은 기도밖에 없습니다.

성경은 늘 깨어 있으라고 합니다. 깨어 있는 것은 시대의 흐름을 잘 알아서 판단하고 기도하면서 마음의 고삐를 풀지 않는 것을 의미합니다. 위기를 맞은 한국 교회에 기도하는 교인들이 일어나야 합니다. 기도할 때 위기가 기회로 바뀌는 축복을 주십니다. 시대를 분별하면서 깨어 있는 믿음으로 이 시대 한국 교회에 희망이 됩시다.

(2015. 11. 22)

내 몸을 드리고 싶었습니다

2015년의 한 해가 물 흐르듯 흘러가 버리고 이제 12월의 마지막 주일을 맞습니다. 사람들은 흐르는 세월을 붙잡아 둘 수 없어서 시간의 한 경점마다 작은 쉼표와 마침표 그리고 느낌표들을 찍어 놓고 자기 나름대로 의미를 부여하며 살아갑니다. 그래서 시간은 인간의 발자취를 품고 있기에 일분일초에도 모두 심오한 뜻이 숨어 있는 것입니다. 그러므로 지난 일 년의 시간이 덧없이 흘러간 것이 아닙니다.

오늘 현재가 존재하는 것은 흘러간 시간의 한 점들이 연결되고 모아져서 나의 역사가 되고 나의 현재가 된 것입니다. 그래서 흘러간 시간 속에 내가 만들어 놓은 경점마다 담겨 있는 의미를 연결하여 미래로 나아가야 합니다. 어제 없이 오늘이 있을 수 없고 오늘이 없는 내일이 존재할 수 없기 때문입니다.

29년 전 우리 교회는 영원에서 영원으로 흐르는 거대한 시간의 흐름 위에 작은 점 하나를 찍었습니다. 양정교회를 시작한 것입니다. 교회

개척을 시작했을 때 아무도 의지할 수 없었습니다.

　처음부터 "재정 지출 1순위는 선교비"라고 선포하고 10%를 농촌 교회에 선교비로 보냈습니다. 차차 20%에서 30%로 선교비 비중을 높여 갈 때 하나님은 우리 교회에 꼭 필요한 일꾼들을 보내 주시고 영혼들을 보내 주셔서 부흥의 역사를 일으켜 주셨습니다.

　필요할 때 땅도 사게 하셨고 건축도 하게 하셨습니다. 그리고 부흥할수록 선교의 중요성을 외치며 최선을 다했습니다. 선교는 나 잘 먹고 잘 살자는 것이 아닙니다. 주님의 뜻을 받드는 것입니다.

　선교는 허리띠를 졸라매지 않으면 할 수 없는 일이었습니다. 목사가 허리띠를 졸라매면 교인들이 감동받고 교인들이 허리띠 졸라매고 선교하면 하나님이 감동받으시고 세상이 감동받습니다. 지난 29년 동안 사례비에 연연하지 않았습니다. 오히려 교회에서 받는 사례비의 거의 절반 가까이는 다시 교회에 헌금하는 내핍 생활을 했습니다.

　우리 교회 성도들 대부분이 그랬겠지만, 지금껏 아내에게 제대로 된 비싼 의복 한 번 폼 나게 사준 적이 없습니다. 아이들 셋을 키웠지만 아이들 데리고 멀리 여행하거나 장난감이나 의복 한 번 제대로 사주며 아빠 노릇을 할 수 없었습니다. 때로는 살 집이 없어서 건물 옥상에서 천막 치고 2년을 살기도 했고 교회당 한구석에 합판으로 방 두 개 꾸미서 생활하기도 했습니다. 교인이 200여 명 정도 모일 때 교회에서 현대 3차 32평 아파트를 구입하여 사택으로 쓰게 했었는데 아파트에 들어간 첫날, 수년 동안 예배당 한쪽에 살던 습관 때문에 무인도에 온 것 같앞습니다. 그래서 2년 후 현재 교회당을 건축할 때 팔아서 건축비로 쓰고 지금도 교회 건물 안에서 살고 있습니다.

어려움이 있을 때마다 내가 바라볼 수 있는 분은 오직 주님뿐이었습니다. 목회하다 보면 교인들은 모르는 절박한 어려움과 시련이 있습니다. 그것이 교회적이든 목회자 개인적인 것이든 세상에서는 도움받을 길이 없어서 주님만 바라보았습니다. 그래서 개척을 시작한 이래 21일 다니엘 금식 작정 기도를 일곱 번 했습니다. 그렇게 해서라도 주님께 모든 것을 의탁하고 싶었습니다.

이제 며칠이 지나면 교회 설립 30주년의 새해를 맞습니다. 지금까지 허물 많고 연약한 종을 써주신 하나님의 은혜가 가슴 사무치게 감사해서 그 감사를 금식기도를 통해서 드리고 싶었습니다. 그래서 다시 여덟 번째의 21일 금식기도를 작정하여 오늘 9일째가 되었습니다.

물론 아직도 저는 주님의 긍휼이 필요하고 은혜가 필요한, 부족하고 연약한 존재이지만 그럼에도 불구하고 지난날 양정교회를 돌보시고 부족한 종을 세워주심이 너무도 감사하고, 에벤에셀 비전 센터 설립 계획을 주시고, 성도들의 마음을 하나 되게 하시며, 아주 좋은 곳에 건축 부지를 구입하고 허가를 받게 하시는 과정에 하나님의 역사하심이 너무 감사하여 온전한 감사의 제목으로 나의 몸을 온전히 드리고 싶었습니다.

이번 금식을 시작한 이래 첫날부터 5일까지는 너무도 힘들었지만 6일째 되는 날부터 주님께서 강력한 성령의 능력으로 붙들어주셨습니다. 저는 주님이 반드시 도와주실 줄 믿습니다. 그리고 지금까지의 감사에 덧붙여 앞으로의 모든 일들을 주님께 맡겼습니다. 나와 우리 교회 그리고 성도들을 불쌍히 여기실 줄 믿습니다. 앞으로 에벤에셀 비전 센터를 건축하여 완공하는 사명을 감당하고, 하나님을 기쁘시게 할 모든 사역들을 위해 양정의 미래 30년을 주님께 맡겼습니다. 사람은 역사의 뒤안길로 사라져 하늘나라로 가지만 양정교회의 역사는 주님 다시 오실 때까지 영원히 하나님의 영광으로 이어질 것입니다.

(2015. 12. 27)

약하고 추해도

코끝을 스치는 바람이 아직 옷깃을 여미게 하지만 그 바람결에 실려 오는 봄 냄새가 겨우내 잠들었던 천변 가로수 버드나무의 여린 가지들을 깨워 잎을 피울 준비를 하게 합니다.

그리고 그 여린 가지 끝에 긴긴 겨울 찬바람을 견디며 기다린 희망의 열매가 달려 있음을 보았습니다. 봄이란 절망과 좌절의 겨울에도 희망의 빛을 잃지 않고 믿음을 가지고 인내하고 기다리는 사람들에게 주는 선물이라는 생각을 해봅니다.

옛날 프랑스의 나폴레옹 황제에게 샤르니라는 신하가 있었습니다. 그는 어떤 실수로 인하여 오랜 세월 동안 감옥에 갇히는 신세가 되었습니다. 그는 사람들로부터 점점 잊혀져 간다는 것, 사람들의 기억과 관심으로부터 멀어진다는 것이 슬펐습니다. 그래서 감옥 벽에 "아무도 나를 돌보지 않는다."라고 적었습니다.

소망을 잃어버리는 순간이었습니다. 그러던 어느 날 감옥 바닥에 있던 돌 틈에서 푸른 싹 하나가 돋아났습니다. 샤르니는 간수가 주는 물을 조금씩 남겨서 매일매일 잎사귀에 부어주었습니다. 그러자 마침내 꽃봉오리가 생기더니 아름다운 꽃을 피웠습니다. 그는 먼저 썼던 글을 지우고 "하나님이 돌보신다."라고 썼습니다.

감옥에 아름다운 꽃이 피었다는 소문은 입에서 입으로 전달되어 조세핀 왕비의 귀에 들어갔습니다. 왕비는 '진심으로 꽃을 사랑하고 돌보는 이는 결코 악한 사람일 수가 없다.'라고 생각하고 나폴레옹 황제에게 샤르니에 대하여 선처하여 재고해 줄 것을 간곡히 건의했고 황제는 사랑하는 왕비의 청을 받아들여서 샤르니는 석방되었습니다.

우리가 이 세상을 살다 보면 아무것도 할 수 없을 것 같은 절망의 감옥에 갇힐 때가 있습니다. 그러나 그러한 때도 아무것도 할 수 없는 것이 아닙니다. 마지막으로 할 수 있는 것이 있습니다. 살아 계신 하나님께 부르짖어 기도하는 것입니다. 우리가 하나님을 믿는다고 하는 것은 그 마지막에 하는 기도를 언제나 최우선으로 하는 것입니다.

기도한다는 것은 희망을 갖는 것이지만 그 희망은 막연한 기대나 바람이 아니라 기도 응답에 대한 하나님의 약속에 대한 확신에서 나오는 것입니다. 마태복음 21장 22절에 보면 "너희가 기도할 때에 무엇이든지 믿고 구하는 것은 다 받으리라."라고 하였습니다. 우리가 하나님을 믿고 의심치 않는다면 어떤 고난 속에서도 기도할 수 있고 하나님은 그 믿음의 기도를 들어주십니다. 하나님의 응답이 없는 것이 아니라 우리의 믿음 없는 것이 문제이고 믿음이 약한 것이 문제인 것입니다.

찬송가 263장 1절에 보면 "이 세상 험하고 나 비록 약하나 늘 기도 힘쓰면 큰 권능 얻겠네"라고 했습니다. 그리고 2절에서는 "주님의 권능은 한없이 크오니 돌 같은 내 마음 곧 녹여 주소서"라고 고백하였고, 3절에서는 "내 맘이 약하여 늘 넘어지오니 주 예수 힘 주사 굳세게 하소서"라고 했습니다. 우리가 왜 기도해야 되는지에 대하여 이 찬송가 가사에 잘 소개되어 있습니다. 그것은 우리가 약하고 추하기 때문입니다.

이 세상은 험하고 악하며 마귀는 강하고 우리는 한없이 약하고 추한 존재들입니다. 그러므로 자주 넘어지고 쓰러지고 상처받습니다. 그래서 날마다 주님의 도우심을 구하며 나아가야 합니다. 비록 약하고 부족하지만 겸손히 늘 기도에 힘쓰면 큰 권능을 주십니다.

하나님의 은혜와 사랑은 한없이 크시며 그의 권능은 놀라우십니다. 우리를 살리며 이기게 하고도 남음이 있고 온 인류의 부족을 다 채우고도 남습니다. 그래서 우리는 하나님의 긍휼 앞에 엎드리며 은혜를 구하고 또 구해야만 하는 것입니다. 예수님만이 우리의 살길이며 하나님만이 우리를 살게 하시는 분이시기 때문입니다.

인간은 아무리 열심을 내고 굳은 결심을 한다 해도 약하고 부족하여 때때로 변하고 넘어지고 쓰러집니다. 그러나 믿음의 사람은 기도하면서 다시 일어납니다. 그래서 기도는 이 험한 세상을 승리하며 살아갈 수 있도록 하나님이 허락해 주신 능력을 얻는 통로인 것입니다.

남녀노소 빈부귀천을 막론하고 누구든지 전능하신 하나님 아버지께 기도할 때 세상을 이기며 저 높은 곳으로 나아갈 수 있는 능력을 공급받습니다. 우리의 문제를 근본적으로 해결해 주실 수 있는 분은 오직 하나님뿐이시기 때문입니다. 그러므로 불의한 재판관에게 호소하는 여인처럼 낙심하지 말고 기도합시다. 인정머리 없고 돈밖에 모르던 불의한 재판관도 여인의 간절한 믿음의 호소에 귀를 기울였는데 하물며 하나님 아버지께서 당신이 택하신 자녀들의 절박한 기도를 듣지 않으시겠습니까?

(2016. 3. 13)

예수님이 주인인 사람들이 필요한 시대

위대한 전도자였던 바울은 사랑하고 신뢰했던 한 사람이 자신을 떠나는 사건으로 마음이 아팠습니다. 그리고 그 아픈 마음을 디모데후서 4장 10절에서 "데마는 이 세상을 사랑하여 나를 버리고 데살로니가로 갔고…"라고 아주 짤막한 한마디 말로 표현합니다. 바울은 데마가 왜 자신을 떠났는지 자세한 설명은 하지 않았습니다. 그러나 그가 "세상을 사랑했기 때문"이라고 말하고 있습니다.

데마 본인의 말을 들을 수가 없어서 자세한 내막은 모르겠지만 바울의 언급에서 그가 '바울'과 '세상' 둘 중 하나를 선택해야 하는 기로에서 세상 쪽을 택하였다는 것을 알 수 있습니다.

바울과 함께한다는 것은 신앙과 사명의 길을 의미합니다. 그 길은 힘들고 어렵습니다. 영원한 하늘의 약속이 있지만 당장에는 핍박과 환난의 길을 가야 하는 일이었습니다. 그 고민에서 데마는 쉽고 편하고 안

정된 육신의 삶이 보장된 세상을 택하여 간 것입니다.

바울은 그의 선택에 대해서 더 이상 비난하지 않지만, 영적 지도자로서 안타까움과 아쉬운 마음 그리고 조금은 섭섭한 마음을 숨김없이 드러내고 있습니다. 예수님을 따르는 삶을 살기 위해서 우리는 순간순간 선택의 기로에 설 때가 있습니다.

내가 어떤 것을 얻기 위해서는 반드시 포기해야 할 그 무엇이 있다는 것을 알아야 합니다. 당장 눈에 보이는 것을 얻기 위해 영원한 것을 포기할 것인지, 영원한 것을 얻기 위해 당장에 돌아오는 이익과 영광과 칭찬을 포기할 것인지를 고민해야 합니다.

강아지 한 마리가 두 사람을 따라가는 상황에서 그 두 사람이 동행하는 동안에는 강아지의 주인이 누구인지 알 수 없습니다. 그러나 갈림길에 이르러서 한 사람은 이 길로 또 다른 사람은 저 길로 갈 때, 바로 그때, 그 강아지의 주인이 누구인지 알게 됩니다.

오늘날 수많은 그리스도인들은 예수 그리스도를 주님이라고 부릅니다. 주님이란 예수 그리스도가 자신의 주인이라는 의미의 신앙 고백입니다. 그러나 교회 안에도 입으로는 주님이라고 부르면서도 자기 삶의 영역에서는 예수님이 주인이 아닌 사람들이 많습니다. 어떤 사람의 행동이 세상적이면서, 동시에 입으로 신앙 고백을 하기도 할 때, 우리는 그 사람의 주인이 하나님인지 그렇지 않은지 알아낼 수 없습니다. 그러나 그 사람의 인생에서 어떤 갈림길에 이르기까지 기다리면 알게 됩니다.

하나님께서는 이 길로 부르시고 세상은 저 길로 부를 때, 그 사람의 주인이 하나님이라면 그는 세상 쪽을 버리고 신앙의 길을 갈 것입니다. 그러나 그 사람의 주인이 세상이라면 그는 신앙을 버리고 세상을 따라 살아갈 것입니다.

내가 나의 주인인 그 사람은 세상이 그 사람의 마음을 지배합니다. 그러나 주님이 나의 주인인 사람은 성령이 그의 마음을 지배합니다.

내가 주인인 사람, 세상이 나의 주인인 사람은 겉으로는 주님을 따르는 것 같아도 고난이나 환난이 오면 아주 쉽게 주님과 신앙과 교회를 등지고 세상을 따라갑니다. 유행 따라가고, 관습 따라가고, 바람 따라갑니다. 어떤 이해관계에 얽힐 때, 주님의 유익, 교회의 유익이 아닌 자신의 이익과 자신의 입장만을 고려하고 행동합니다.

린드버그라는 사람이 작은 경비행기로 세계 일주를 하고 프랑스에 왔을 때 유명한 담배 회사 사장이 자기 회사의 담배를 피우는 사진 한 장만 찍으면 5만 달러의 거액을 주겠다는 제안을 해왔지만, 그는 "나는 하나님을 경외하는 사람"이라며 거절했습니다. 그러자 이 담배 회사 사장은 담배를 피우지는 말고 그냥 입에 물고 있는 사진 한 장만 찍

어줘도 5만 달러를 주겠다고 했습니다.

 린드버그는 이 파격적인 제안에도 자신은 "세례받은 사람"이라며 거절했습니다. 이 기사가 다음날 프랑스 일간지에 대서특필되었습니다. 그런데 이 기사를 읽은 많은 그리스도인이 감동을 받고 모금을 해주었는데 그 금액은 두 번 거절한 액수인 10만 달러를 넘었다고 합니다.

 하나님은 오늘날에도 린드버그 같은 믿음의 사람들을 찾습니다.
 예수 믿는 믿음과 신앙적인 가치를 위해서 어떤 이익이나 기득권, 개인의 사상이나 철학까지 그리고 자신의 입장과 생각을 내려놓을 수 있는 사람들이 필요합니다. 어떤 경우에도 예수님을 떠나지 않는 사람, 어떤 경우에도 자신의 믿음과 신앙을 포기하지 않고 자리를 지키는 사람들, 예수님이 주인인 그들이 필요한 시대입니다.

(2018. 3. 25)

우연은 없습니다

요나가 니느웨로 가라는 하나님의 말씀을 거역하고 다시스로 가는 배를 타기 위해 욥바 항구에 갔을 때 '마침' 다시스로 가는 배가 기다리고 있었습니다. 이방 여인 룻은 추수하는 밭에 이삭 주우러 갔다가 마침 일꾼들을 격려하기 위해 밭에 나온 보아스를 만나서 예수님의 족보에 올라가는 여인이 되었습니다. 우연히 된 일을 성경은 '마침'이라는 단어를 사용하고 있습니다.

사람이 볼 때는 우연한 일들이 하나님 쪽에서 보면 우연한 일이 아니라 설계되고 계획 된 일들입니다. 그래서 세상에 우연은 없습니다. 오직 필연만 있을 뿐입니다. 하나님은 세상의 역사를 설계하시고 이끌어 가시는 분이십니다. 하나님이 세우신 목적을 성취하시기 위해 계획하시고 그것을 능력으로 이루어 가시는 것입니다. 그래서 인간의 역사에 개입하셔서 의도하신 대로 이끌어 가시는 하나님의 통치 행위를 신학적 용어로 섭리(攝理)라고 합니다.

하나님의 섭리는 자연 만물에서도 얼마든지 찾아볼 수 있습니다. 공기의 80%는 질소로 구성되어 있습니다. 번개가 칠 때 발생하는 뜨거운 열이 공기에서 질소를 분리시켜 빗방울에 녹아들어 가게 합니다. 질소가 용해된 빗방울은 온 대지를 촉촉하게 적시고 이 땅의 모든 식물이 자라는 영양분이 되는 것입니다.

하나님은 쓸모없이 보이는 번개로 하여금 식물이 살 수 있는 비료의 생성 과정을 진행시키고 계신 것입니다. 사람을 비롯한 이 세상의 모든 것들은 우연히 생겨난 것이 아닙니다. 하나님이 목적과 뜻을 가지고 창조하신 하나님의 작품들입니다. 그래서 하나님의 뜻을 이루시기 위해서 이 세상의 역사에 개입하시는 것입니다. 합력하여 선을 이루시는 것입니다.

약 30여 명이 모이는 중국의 지하 교회에 한 여인이 전도를 받고 예배에 참석했습니다. 그런데 그 여인의 남편이 그 지하 교회를 경찰에 고발해 버렸습니다. 경찰에 붙잡혀 간 30여 명의 성도들은 모두가 유치장에서 기도하고 찬송을 불러댔습니다. 그리고 이미 들어와 있던 사람들까지 모두 전도해서 예수 믿게 만들었습니다. 시끄러운 데다 세끼 밥까지 먹여 주어야 하니 공안도 낭패였습니다. 그래서 고민하던 공안은 교회를 고발한 남편을 불러 "그까짓 일로 고발했느냐?"고 호통을 치고 지하 교회 성도들을 모두 내보냈다고 합니다.

한 여인이 있었습니다. 그녀의 20살 난 외아들이 갑자기 불치병에 걸려 평생 걷지 못하는 장애인이 되었습니다. 여인은 아들의 병을 치료하기 위하여 가산을 탕진하고 50이 넘도록 방직 공장 직공 생활을 하였습니다. 술로 마음의 화를 달래던 남편마저 위암으로 죽자 여인의 절망은 극에 달하였습니다. 그러나 여인은 절망하지 않았습니다. 밤잠을 자지 않고 봉투 접기를 하여 모은 돈으로 아들을 시계 수리 학원에 보내었습니다.

아들은 열심히 공부하여 기술을 익혔고 취직하여 돈도 벌었습니다. 드디어 집도 장만하고 자기만의 작은 사업장도 갖게 되었습니다. 여인은 너무도 감사하여 자신의 이야기를 어느 방송국 생활 수기 공모에 응모하였고 최우수 작품으로 선정되어 방송에 나오게 되었습니다.

어느 날 방송을 들은 사람들 중에 아리따운 한 아가씨가 감동을 받아 며느리가 되겠다고 찾아왔습니다. 드디어 많은 축하객의 박수 속에서 여인은 며느리를 얻었습니다. 여인은 축하해 주는 많은 하객의 축하 인사를 받으면서 "운명인 줄 알았더니 시련이었습니다."라고 웃으면서 인사를 했습니다.

우리에게 우연처럼 여겨지는 모든 일들 가운데에 하나님의 섭리와 뜻이 숨겨져 있습니다. 그래서 세상에서 나의 의지와 상관없는 일들은 많아도 하나님의 의지와 상관없는 일은 없습니다. 지금 내가 처한 환경은 하나님의 섭리가 이뤄지는 과정이기 때문입니다.

하나님의 섭리는 멀리 있는 것이 아닙니다. 오늘 우리의 삶 전체가 하나님 섭리의 과정입니다. 그러므로 오늘의 삶이 아무리 힘들고 어려워도 하나님의 섭리를 믿고 낙심하지 말아야 합니다. 하나님은 우리를 통해서 그 선하신 뜻을 이루시기를 원하고 계십니다.

룻이 우연히 보아스의 밭에 간 것이 아닙니다. 그를 살리시고 쓰시려는 계획에 의해 그렇게 인도된 것입니다. 욥바 항에 다시스로 가는 배가 우연히 있었던 것이 아닙니다. 요나를 회개케 하시려는 하나님의 의도에 의해서 준비되고 계획된 일이었던 것입니다. 우연은 없습니다. 세상의 모든 일에는 합력하여 선을 이루시는 하나님의 섭리만 있습니다.

(2016. 9. 25)

감사하기로 작정하십시오

캘리포니아 데이비스 대학 로버트 에먼스 교수는 다수의 실험 참가자들을 두 그룹으로 나누어 한 그룹에는 걱정거리를 기록하게 하고 다른 한 그룹에는 감사한 일을 기록하게 했습니다.

10주 후에 그 결과를 분석하여 보았더니 감사 그룹은 걱정 그룹에 비해 삶의 만족도와 건강, 행복 지수가 높아지고 두통, 기침, 어지럼증이 현저하게 줄어드는 결과를 확인했습니다. 그리고 감사를 습관화 하도록 훈련받은 그룹의 16년 후를 조사해 봤더니 그렇지 않은 그룹보다 연평균 수입이 2만 5천 달러가 많았다고 합니다. 감사를 습관화한 사람들이 더 성공적이며 더 행복하다는 것입니다.

미국의 방송인 오프라 윈프리는 사생아로 태어나 할머니의 손에서 자랐습니다. 어린시절 사촌오빠에게 성폭행을 당했고 14세에 미혼모가 됐으며 마약과 알코올로 얼룩진 청소년기를 보냈습니다. 그런 그녀가 절망적인 시기를 극복하고 재기할 수 있었던 것은 '감사 일기'를 쓰기 시작하면서였습니다. 그녀는 매일 잠자리에 들기 전 감사한 일 다섯 가지를 일기장에 적기 시작했습니다. 그러면서 그의 삶에 놀라운 변화가 일어났고 놀라운 축복의 사람이 되었습니다.

그녀는 미국의 경제 주간지 〈포브스(Forbes)〉가 매년 선정하는 세계에서 가장 영향력 있는 인물에 네 번이나 1위로 뽑혔습니다. 그녀는 자신이 경영하는 회사의 창간 10주년을 기념해서 전 직원에게 아이패드와 우리 돈 약 1,200만 원짜리 수표를 함께 선물하기도 했고 2004년에는 자신이 진행하는 '오프라 쇼' 방청객 276명 전원에게 자동차 한 대씩(약 92억 원)을 선물하여 세상을 깜짝 놀라게 했습니다.

그녀는 인생을 멋지게 살고 있는 것입니다. 그녀의 삶을 이렇게 변화시킨 놀라운 능력이 감사의 능력이었습니다. 감사할 수 없는 상황에서 매일같이 감사할 조건을 찾아내어 일기장에 적으면서 그녀의 삶은 변화되었던 것입니다.

감사는 조건에서보다는 상황의 해석에서 시작됩니다. 아무리 좋은 상황, 조건일지라도 불평으로 해석하면 불평이 되지만, 아무리 나쁜 조건일지라도 감사로 해석하면 감사가 됩니다. 그러기에 감사는 마음의 생각에서부터 시작되는 것입니다. 원래 감사라는 단어 Thank는 생각이라는 단어 Think에서 왔습니다. 생각에서 감사가 나온다는 것입니다. 감사하기로 생각하고 감사의 조건을 찾으면 얼마든지 감사할 일들이 보입니다. 그리고 작정하고 감사를 표현하면 감사할 일들이 더욱 풍성해지고 감사 그 자체로 행복해지는 것입니다.

또한 감사는 기준의 문제입니다. 자신보다 위를 바라보면 불평과 원망이 나올 수밖에 없지만 자신보다 아래를 바라보면 감사할 수 있습니다. 어떤 기준을 가지고 있느냐에 따라 불평이 나올 수도 있고 감사가 나올 수도 있는 것입니다.

지금 8억 명이 영양실조로 고통받고 있습니다. 그리고 종교적 박해나 원하지 않는 전쟁, 지진, 태풍과 같은 천재지변으로 기근과 전염병 등으로 죽음보다 더한 고통을 당하는 이들이 수없이 많습니다.
가난과 굶주림의 쓰라림 속에 죽지 못해 사는 사람들의 수가 5억 명이나 됩니다. 내가 이렇게 자유롭게 먹고 입고 말하며 마음껏 예배당에 와서 예배드릴 수 있다는 것 그 하나만으로도 우리는 눈물 나게 감사해야 할 조건들인 것입니다.

인간은 원래 빈손 들고 태어난 존재입니다. 감사의 기준을 빈손 들고 태어난 기준에 둔다면 감사하지 못할 이유가 없습니다. 지금 누리고 있는 모든 것들이 모두 은혜이며 축복이며 감사할 조건들이기 때문입니다. 누군가와 비교하여 더 가지지 못했다고, 더 누리지 못한다고 불평할 이유가 없습니다. 우리는 무조건 감사해야 합니다. 기준점을 낮추면 얼마든지 감사할 수 있습니다. 그래서 감사는 마음의 자세에 달려 있습니다.

모든 일에 감사하기로 마음먹고 살면 감사는 입술과 표정, 행동에 열리게 되고 인생은 행복해집니다. 인도의 시성 타고르는 "감사의 분량이 곧 행복의 분량이다."라고 했습니다. 빌헤름 웰러는 "가장 행복한 사람은 가장 많이 소유한 사람이 아니라, 가장 많이 감사하는 사람이다."라고 했습니다. 그래서 하나님은 범사에 감사하라고 말씀하고 있습니다.

감사하는 것이 사람이 마땅히 가져야 할 삶의 태도이며 도리이기 때문입니다. 하나님은 감사하는 마음을 기뻐 받으시고 축복해주십니다. 감사하기로 마음을 정하십시오. 그러면 감사할 조건이 보이고 감사할 이유가 생길 것입니다.

(2017. 11. 19)

짐이 무거운 분들에게

　이제 흐르는 시간에 매듭을 짓고 그 매듭을 따라 우리의 발자취를 기록했던 달력의 마지막 장을 남겨두고 있습니다. 책상 앞에 앉아서 벽에 걸린 달력을 바라보다가 속절없이 흐르는 시간 탓만 하고 있기에는 남아 있는 시간이 그렇게 여유롭지 않다는 생각에 사로잡히는 것은 나이 먹은 탓일까요?

　가을걷이 끝난 들녘이 황량한 것은 괜찮습니다. 왜냐면 풍성한 수확을 가득 채운 창고가 있기 때문입니다. 그러나 한 해를 뒤돌아보면서 눈 깜짝할 사이에 가버린 세월 앞에 딱히 표현할 수 없는 아쉬움만 가득합니다. 그래도 더 많이 사랑하지 못하고 더 많이 이해하지 못하고 더 많은 땀을 흘리지 못한 후회가 남는 것은 그나마 내 마음이 굳어 메마르지 않음이라고 스스로 위안으로 삼고 마음을 다독여도 여전히 마음 한구석 공허함을 떨칠 수가 없습니다.

결국 홀로 가는 인생이고 결국 남는 것은 빈손일 텐데 무엇 때문에 아등바등하며 사는지 때로는 삶의 회의가 옷 속을 파고드는 겨울바람만큼이나 마음을 차갑게 합니다. 그러나 찬바람이 파고들어도 옷깃을 여미어 지켜내야 할 따듯한 온기가 있는 것은 주께서 함께하신다는 믿음 때문일 것입니다. 세월이 가고 찬 바람 몰아치는 광야에 홀로 내동댕이쳐져도 주의 사랑이 온기가 되어 고독의 날들을 밝혀주실 것이기 때문입니다.

지난 화요일 친손녀를 얻었습니다. 진통이 시작된 지 72시간 만에 품에 안은 생명이어서 그런지 더욱 천사처럼 예뻤습니다. 그 긴 고통의 시간을 통과한 후 아이를 안고 행복해하는 며늘아기의 모습에서, 산모가 해산의 고통을 "사람 난 기쁨으로 잊게 된다"(요 16:21)는 말씀이 떠올랐습니다.

산모가 느끼는 고통은 말로 표현하기 어렵다고 합니다. 그러나 이 땅의 모든 사람은 어머니의 그러한 고통의 순간을 통과하여 주어진 보물들입니다. 어머니들은 자식을 위해서 모든 고통을 기꺼이 짊어집니다.

아프리카의 어느 곳에 커다란 돌을 등에 지지 않으면 건널 수 없는 강이 있다고 합니다. 강의 수심은 그리 깊지 않지만 물살이 너무 거세 맨몸으로는 건널 수가 없습니다. 그래서 이 강을 건널 때는 누구라도 무거운 돌을 등에 지고 건너야 등짐의 무게 때문에 몸이 강물에 떠내려가지 않는다는 것입니다. 그 강물에서는 무겁다는 것이 핑계가 될 수 없습니다. 오히려 무거울수록 안전하게 강을 건너게 됩니다.

무엇인가 의미 있고 보람 있는 일을 위해 등짐을 진다는 것, 그 등짐을 지고 무게를 느끼는 것은 고통이 심히 크더라도 감당할 의미가 있는 일이라고 생각합니다.

그 등짐의 무게를 느끼면서 몸부림치다 보면 주님께로 가까이 가게 됩니다. 그런데 등짐이 무겁다고 팽개쳐버리면 자신의 믿음도 사명도 거센 세상의 물결에 떠내려가 버리고 맙니다. 그러나 무겁고 힘들어도 그것을 짊어지고 기도하며 감당하려고 애쓰다 보면 어떤 힘든 일도 고통스러운 일들도 거뜬히 이기고 승리할 수 있을 것입니다.

교회에서 직분을 받고 교회 일을 하는 것은 당장에 내가 편하자고 하는 것이 아닙니다. 주님을 위해서 주님께서 맡기신 일을 감당하기 위해서 무겁지만, 기꺼이 그 짐을 지는 것입니다. 교회 직분은 세상의 계급이나 서열이 아닙니다.

교회 직분은 주님을 섬기는 일을 하라고 주시는 것입니다. 그래서 중직 자는 섬김의 마음을 가져야 하고 교회를 위해 기꺼이 무거운 짐을 질 수 있는 책임감이 있어야 합니다. 그러면 그 짐이 자신을 세우고 영적으로 건강하게 하며 사람들에게 인정과 존경을, 하나님께는 칭찬과 상급을 받게 할 것입니다. 저물어가는 12월의 둘째 주일, 등짐을 지고 건너는 강, 우리는 모두 그 앞에 서 있습니다.

(2016. 12. 11)

그리스도인의 삶의 가치와 방향

서울 시내의 한 초교파 장로 모임에서 명함 교환을 했는데 한 분의 명함에 'ㅇㅇ카바레 회장'이라는 직함과 나란히 'ㅇㅇ교회 장로'라고 되어있더랍니다. 명함을 건네받은 한 분이 "장로가 어떻게 술집을 운영할 수 있느냐?"고 묻자 그분은 "예수 믿는 자기가 하니까 그래도 그 사업을 덜 더럽게 운영하고 어두운 세상으로 흘러갈 돈이 자신의 술집 사업을 통해 선교헌금이나 구제헌금으로 쓰인다."고 주장하더라는 것입니다.

그분이 술집을 운영하면서 얼마나 선교와 구제헌금을 드리는지는 모르지만, 신앙인이 세상에서 어떻게 살아가야 하는가를 고민하게 하는 이야기임에는 틀림이 없습니다. 분명한 것은 진정한 그리스도인은 세상을 자기 방식대로 살아서는 안 된다는 것입니다. 예수님은 "나더러 주여 주여 하는 자마다 다 천국에 들어갈 것이 아니요 다만 하늘에 계신 내 아버지의 뜻대로 행하는 자라야 들어가리라(마 7:21)”라고 하셨습니다. 입술로는 “주여 주여” 하면서 삶은 여전히 하나님의 말씀과는 전혀 다른 모습으로 살아가는 것은 안 된다는 것입니다.

어느 동네에 오랫동안 술집으로 쓰던 건물을 교회가 매입하여 대폭 수리를 하고 예배당으로 쓰게 되었습니다. 술집 주인이 건물을 팔고 가면서 자신이 애지중지하며 키우던 앵무새를 교회에 선물로 주고 갔는데 교회 수리를 마치고 새장을 교회 문 입구 안쪽에 걸어놨습니다.

드디어 첫 예배를 드리는 날이 되었습니다. 시간이 되어 목사님이 입장하자 앵무새가 “새 주인 새 주인” 하고 말하더니 뒤이어 성가대가 입장하자 “새로운 팀 새로운 팀”, 그리고는 회중석에 앉아있는 교인들을 보고는 “그 손님! 그 손님!”이라고 외치더라는 것입니다. 술집 건물을 교회당으로 바꾸고 거룩하게 장식했어도 앵무새의 눈에 비친 그 안의 사람들은 평소 술집에 드나들었던 ‘그 손님들’이라는 것입니다.

틀림없이 누군가 만들어낸 이야기일 것입니다. 그렇지만 세상에서 그리스도인으로서의 삶을 살아내야 하는 우리네 삶의 방식을 한번 뒤돌아 생각해 보게 하는 이야기임에는 틀림이 없습니다. 그리스도인이 되었다는 것은 새로운 가치관을 가지고 새로운 삶을 산다는 것을 의미합니다. 많은 그리스도인이 아주 잘못 인식하고 있는 것 중의 하나가 기독교라는 종교에 충실하였다고 해서 그것으로 천국의 티켓을 따놓은 것처럼 생각하는 것입니다. 종교라는 것은 원래 의식과 계율에 따른 의무를 부여하고 그것들을 충실히 이행하면 안위와 복, 그리고 구원을 약속합니다. 그러나 성경은 단순한 종교적 의무 이행이 구원의 수단이라고 말한 적이 없습니다.

성경에서 "내 아버지의 뜻대로 행하는 자가 천국에 들어간다."라는 말은 행위를 강조하는 율법주의를 말하는 것이 아닙니다. 우리 마음의 생각 즉 가치관이 하나님 중심으로 바뀌어야 한다는 것입니다. 교인들의 생활에서 하나님의 말씀이 실천되지 않는 이유가 무엇일까요? 그리고 하나님께서 우리에게 더 중요하게 생각하고 먼저 처리하기를 원하는 것들이 우리 삶의 우선순위에서 자꾸 뒤쪽으로 밀려나는 이유가 무엇일까요?

성경적 가치관을 가지지 못하였기 때문입니다. 성경적인 물질관, 성경적인 세계관을 가지지 못하면 세속주의 기독교적 종교인으로 만족하게 됩니다. 세계적 경영 컨설팅사인 '프랭클린 코비'의 공동대표 하이럼 스미스는 사람들의 가치관에 따라 일의 우선순위가 얼마나 달라질 수 있는지에 대해 지금은 9·11테러로 무너지고 다시 세워졌지만, 높이가 4백 5미터나 되었던 무역센터의 쌍둥이 빌딩을 예로 들어 다음과 같이 설명하고 있습니다.

"무역 센터 빌딩 꼭대기에 당신이 서 있다고 가정합시다. 쌍둥이 빌딩인 이 건물의 양쪽 옥상 사이에 철제빔을 걸쳐놓고, 1백 달러를 줄

테니 건너가라고 한다면 한번 해보겠습니까? 아마 천 달러, 만 달러, 백만 달러를 준다고 해도 시속 80㎞의 바람이 쌩쌩 부는 고공에서 목숨을 걸 사람은 거의 없을 것입니다. 하지만 건너편 옥상에서 유괴범이 당신의 두 살 난 아이를 붙잡고 있다면 어떨까요? 빨리 건너오지 않을 경우 아이를 떨어뜨리겠다고 한다면, 물불 안 가리고 발을 내딛지 않겠습니까?"

사람은 우선순위와 중요도에 따라 행동을 결정합니다. 그리고 그것을 결정하는 중요한 요인은 그 사람의 가치관입니다. 오늘 우리의 삶에서 생명의 주님이신 주님과 그의 말씀을 정말 소중하고 중요하게 생각하는 가치관을 갖는다면 "시간이 없어서…" "돈이 부족해서…" "바빠서…" 등의 이유로 정말 주님을 위해 해야 할 일들을 미루지는 않을 것입니다. 진정 주님을 따르는 일을 소중하게 생각한다면 기꺼이 지불해야 할 대가를 지불하는 데 인색하지 않을 것입니다.

금년 한 해를 살면서 "나를 존중히 여기는 자를 내가 존중히 여기고 나를 멸시하는 자를 내가 경멸하리라(삼상 2:30)"는 하나님의 말씀을 붙들고 삶의 목적과 방향을 결정하는 한 해가 되게 합시다.

(2017. 1. 15)

선교 정신

제가 가끔 며칠 동안 출타했다가 돌아올 때면 인사성 밝은 교인들에게서 으레 듣는 인사말이 있습니다. 그것은 "목사님이 안 계셔서 허전해요."입니다. 그런 말을 들을 때 립 서비스(lip-service) 차원의 인사말인 줄 알면서도 왠지 기분이 좋아지고 행복감이 솟아나는 것을 느낍니다. 왜냐면 담임 목사로서의 존재 가치를 느끼게 하기 때문입니다.

교회에서 담임목사의 역할은 대단히 중요합니다. 그래서 늘 어깨에 느끼는 무게가 결코 가볍지 않습니다. 그래서 최선을 다하려고 힘쓰지만 여전히 약하고 부족함을 느낍니다. 그러나 교회의 진정한 주인은 주님이시기 때문에 우리 주님만 자리를 비우지 않으신다면 결코 문제없다고 생각합니다. 그리고 우리 교회가 주께서 교회를 세우신 목적과 사명에 충실하면 주님은 결코 우리 안에서 자리를 비우지 않으실 것을 믿습니다.

저는 양정교회가 '주님의 교회'로서의 정체성과 역할을 나타내며 감당하는 것을 목표로 사역을 해왔습니다. 개척해서 오늘까지 목사 개인의 권한 확대나 이익 추구가 아닌 살아 계신 하나님의 주권과 영광이 높여지고 베풀어주신 은혜의 복음이 널리 전파되는 것을 위해 헌신하고 달려왔습니다. 사실 목회권을 강조하는 것도 그러한 이유에서입니다.

하나님의 주권, 영광 그리고 구원받은 우리에게 명령하신 그 임무를 감당하는 것이 내가 목사로 교회를 섬기는 이유입니다. 이러한 내 생각이 전반적으로 녹아져서 실천되어온 것이 선교사역입니다. 그래서 "선교"는 우리 교회의 정체성을 결정하는 중요한 요소가 되었습니다. 그러나 이 일은 결코 평탄하고 쉬운 길이 아니었습니다.

양정교회에서 선교는 해도 되고 안 해도 되는, 없어도 되지만 있으면 조금 더 예뻐 보이게 하는 장식품 정도가 아닙니다. 적어도 우리 교회에서의 선교는 반드시 해야 하고 교회다움을 유지하고 우리 교회의 정체성을 세워주는 중요한 핵심 가치입니다. 오늘까지 30년 동안 변함없이 실천하고 추구해온 목회 철학입니다.

선교하는 교회를 만들기 위해서 치러야 할 값도 만만치 않았습니다. 선교하는 것 때문에 누려야 할 것 못 누릴 때가 많았습니다. 가지고 있는 기득권을 양보하고 포기해야 하는 순간을 감내해야 할 때도 있었습니다. 경우에 따라서는 불평이나 원망이나 시비나 심지어 반대하는 소리도 있었습니다. 그럴지라도 다 품고 여기까지 왔습니다. 이유는 예수님이 나를 변함없이 품어 주시고 계시기 때문입니다.

나의 모든 허물과 연약함을 품으시고 그 가슴에서 나를 몰아내지 않으셨습니다. 그래서 저는 진정한 선교는 내 마음에서부터 시작하고 마음에서 성공해야 한다고 생각합니다.

주님께서 내게 대하여 그렇게 해 주신 것처럼 다른 사람을 사랑하고 용납할 수 있는 마음, 나와 같지 않아도 그 다른 모습 그것조차도 가슴으로 품을 수 있을 때 진정한 선교가 이루어지는 것입니다.

선교사님들을 대할 때도 마찬가지입니다. 그들의 약한 모습 그들의 허물 그들의 잘못을 무조건 탓하고 비난해서는 안 됩니다. 그들의 약한 것 때문에 함께 울고 함께 고민할 수 있는 마음을 갖는 것 그것이 선교의 출발입니다.

세상은 강하고 완전한 자를 찾고 있지만 하나님은 자신의 부족함을 보면서 하나님 앞에서 가슴을 치는 사람을 찾습니다. 다른 사람의 약한 것을 보며 자신의 약함 때문에 우는 사람, 다른 사람의 넘어짐을 보면 자신도 그리될까 두려워 주님을 더 의지하는 사람, 교만한 의인이 아닌 겸손한 죄인을 찾아서 의롭게 인정하시는 분이 우리 주님이십니다.

선교란 밥 먹는 것과 같은 것입니다. 우리가 지금 특별한 일을 하고 있다고 생각하지 마십시오. 너무도 당연한 일을 너무 특별하다고 생각하며 하는 것이 문제입니다. 매끼 꼬박꼬박 밥을 먹어야 사는 것처럼 선교는 너무도 평범한 일이며 당연한 일이기에 자랑할 것도 뽐낼 것도 없는데 우리는 지금 스스로 이루어내는 업적처럼 자랑하고 싶고 칭찬받고 싶은 욕망에 빠져 있습니다.

우리 교회는 전 교인이 다 선교사입니다. 양정인의 3대 정신을 갖고 3대 가치를 추구하며 3대 성품을 나타내는 삶을 실천할 수만 있다면 직장에서든 가정에서든 교회에서든 나로 인해 주님이 영광을 받으실 것이라고 확신합니다.

물질이든 시간이든 앞장서서 주님만 바라보고 헌신해야 합니다. 섬김과 헌신에 앞장설 때 주님께서 베푸시는 칭찬과 상급의 자리에서 앞에 서게 되고 때때로 주님께서 이렇게 말씀해 주실 것입니다. "난 네가 없으면 허전해."

(2017. 2. 5)

불을 기다리며 물 붓기

기독교는 살아 계신 하나님을 섬기며 예배하는 종교입니다. 살아 계신 하나님께 대한 예배는 어떤 형식이나 외적인 요소도 중요하지만, 더욱 중요한 것은 중심입니다. 하나님의 실존에 대한 신앙이 없이 드리는 예배는 그 자체가 죽은 행위입니다.

현대인들은 하나님의 존재에 대하여 실존적으로 인정하려 하지 않습니다. 종교는 단지 하나의 철학이라는 생각이 만연하고 있습니다. 그러나 하나님은 인간의 생각 속에서 철학적 사상이나 개념으로만 존재하는 분이 아니고 살아 계셔서 역사를 주관하시고 판단하시는 전능하신 분이 하나님이십니다.

기독교의 예배 행위는 살아 계신 하나님의 존재에 대한 믿음과 그가 자신에게 베푸신 은혜와 사랑에 대하여 감사와 믿음을 표현하며 헌신을 고백하는 것입니다. 그래서 예배에는 오직 하나님의 존엄과 영광만이 드러나고 그의 사랑과 은혜가 찬송 되어야 합니다.

허물과 죄악으로 멸망 가운데 있던 자가 하나님의 특별하신 은총을 입어 구원받은 후에 그 구원하심에 대한 감사를 표현하는 행위가 예배이기 때문입니다. 그러므로 예배에 사람이 칭송의 대상이 되고 황금과 권력의 가치가 찬양되고 개인의 명예가 영광스럽게 미화되는 한, 그것은 하나님이 받으시는 예배가 아닙니다.

옛날 일제 강점기에 일본은 한국 교회에 신사참배를 강요하면서 "신사참배는 국가 의례로 종교의식이 아니기 때문에 우상숭배가 아니다, 그러니 하나님도 믿고 신사(神社)에 참배도 하라."라고 회유하였습니다.
그 거짓말에 현혹되어 하나님을 믿는 수많은 믿음이 약한 그리스도인들이 여호와 하나님을 섬기면서 일본의 천황과 온갖 귀신들도 하나님이라고 숭배하는 신사참배의 죄를 범했습니다.

혼합주의에 속았던 것입니다. 그러나 순교자 주기철 목사님을 비롯한 수많은 깨어 있는 신자들은 오직 여호와 하나님만이 살아 계시고 유일하신 하나님이라는 믿음을 지키며 일제의 신사참배를 반대하다가 옥에 갇히고 온갖 고문을 받았으며 기꺼이 순교의 피를 흘리면서까지 오직 하나님께만 예배하고 그만 섬기는 신앙을 지켰습니다.

이 시대 우리가 싸워야 할 것은 세속주의와 혼합주의입니다. 하나님도 섬기고 세상의 온갖 귀신과 사상과 철학 그리고 권력과 황금 우상을 섬기는 혼합주의에 대항하여야 합니다. 우리의 믿음은 여호와 하나님만이 살아 계신 하나님이시고 그의 아들 예수 그리스도만이 유일한 구원의 길이라는 것입니다.

독선적으로 들릴지 몰라도 인류의 근본적인 죄 문제를 해결할 해법을 제시하는 종교는 기독교밖에 없습니다. 모든 종교에서는 스스로 노력해서 죄 문제에서 벗어날 것을 가르칩니다. 그래서 교훈의 종교입니다. 그러나 기독교는 하나님이 직접 인간의 죄 문제 속에 뛰어 들어오셔서 희생합니다. 인류 구원을 말로만 가르친 것이 아니라 십자가를 직접 지시고 인류의 죗값을 대신 치러주신 것입니다. 이러한 인류 구원 방식은 아주 독특하고 유일한 방법입니다.

구약 성경에 보면 이스라엘의 아합 왕 통치 시절에 백성들은 바알도 하나님이고 여호와도 하나님일 것이라는 다원주의와 혼합주의에 빠져서 바알과 하나님 사이에서 오락가락하였습니다. 그러나 하나님의 사람 엘리야는 오직 여호와 하나님만이 참 하나님이라는 믿음을 가지고 있었습니다.

그는 백성들에게 바알이 하나님이면 바알을 섬기고 여호와가 하나님이면 여호와를 섬기라고 촉구하면서 "제단에 불로 응답하는 신이 참 하나님이다."라고 선언하고 제단을 쌓았습니다. 그리고 제단 주변에 도랑을 파고 물을 부었습니다. 물은 제물을 적시고 도랑에 흘러넘쳤습니다.

그날 엘리야의 제단에, 하늘에서 불이 임하였습니다. 하나님이 엘리야의 믿음에 응답하여 불을 내리셨던 것입니다. 그 결과 만천하에 오직 여호와만이 참 하나님이시라는 사실이 증거되었습니다.

엘리야는 불을 기다리며 물을 부은 사람입니다. 이것이 믿음입니다. 머릿속에 있는 철학적 하나님이 아닌 우주의 창조자이시며 역사의 주관자이신 하나님은 그의 실존(實存)을 믿고 물을 부을 수 있는 사람들을 찾고 계십니다.

수많은 사람이 매주일 예배에 참석하여 살아 계신 하나님을 고백하고 경배하지만 정작 삶의 현장에서는 불을 기다리며 물을 부을 수 있는 신앙인들이 없습니다. 주님이 찾으시는 예배자는 불을 기다리며 물을 부을 수 있는 사람입니다. 불의 응답을 기다리며 헌신의 물을 부어드릴 수 있는 용기와 믿음의 사람, 오늘 내가 그 주인공이 되었으면 좋겠습니다.

(2017. 3. 26)

죽음, 그 이후

사람들은 죽음을 망하는 것, 없어지는 것, 모든 것의 종말로 생각합니다. 그래서 모두 죽음을 두려워하고 슬퍼합니다. 심지어는 죽음을 인정하지 않고 이 세상에서 영원히 살 것처럼 살아가고 있습니다. 성경은 인간에게 있어서 죽음은 망하는 것, 끝나는 것이 아니고 또 다른 세계, 즉 영원한 하늘의 세계로 옮겨가는 과정임을 말하고 있습니다.

하버드 대학의 정신의학자였던 엘리자베스 퀴버라스라는 학자는 죽음 이후의 세계에 대해 학문적 연구를 했습니다. 죽음에 거의 가까이 갔다가 죽음 직전에 살아난 사람들, 완전히 죽었던 사람 중에 다시 살아난 사람들을 찾아내어 연구한 결과 공통적으로 사람이 죽으면 모두가 터널을 통과하는 것 같은 경험을 한다고 합니다.

어떤 사람은 터널을 통과한 후에 아주 끔찍하고 고통스러운 경험을 하였고 어떤 사람은 환한 빛의 세계에 들어가고 거기서 다시는 돌아오고 싶지 않은 환희를 경험한 경우도 있다고 했습니다. 적어도 그의 연구에 의하면 죽음은 끝이 아니라 또 다른 세계를 향한 시작이며 과정이라는 것입니다.

성경은 영원한 세계에 대한 일반적인 사람들의 생각을 뛰어넘는 지식을 제공합니다. 사람은 죽음이 존재의 끝이 아니라는 것과 천국과 지옥으로 알려진 영원한 세계가 존재하고 있고 천국으로 가는 길과 지옥으로 가는 길에 대한 아주 구체적인 정보를 제공합니다. 그러나 사람들은 육체의 한계에 갇혀서 영원한 세계에 대한 지식을 적극적으로 받아들이려 하지 않습니다.

1492년까지 대서양과 지중해의 경계에 위치한 지브롤터(Gibraltar) 해안의 한 바닷가에 라틴어로 '네어블르스 울트라'라고 쓰인 작은 표지판 하나가 서 있었습니다. 뜻은 "저 너머에는 아무것도 없다."입니다. 당시 사람들은 지구는 평평하여 바다의 끝은 곧 지구의 끝이라고 생각했습니다. 그래서 '네어블루스 울트라'의 표지판을 세워놓고 바다 건너편에 있을 미지의 세계에 대하여는 상상하지도 못하고 살았습니다. 그런데 어느 날 그 경계선을 용감하게 넘어간 사람들이 있었습니다.

크리스토퍼 컬럼버스가 1492년 8월 3일 항해를 시작해 같은 해 10월 12일에 처음으로 아메리카 대륙에 발을 디딘 것입니다. 끝이라고 생각했던 바다 건너편에서 신대륙 아메리카가 존재하고 있었던 것입니다. 그 후 사람들은 그 표지판에서 첫 글자 '네어'라는 단어를 지웠습니다. '네어'는 영어의 노(No)와 같은데 그 단어가 빠지니까 "저 건너편에는 많은 것이 있다! 놀라운 것이 있다!"라는 의미로 바뀐 것입니다.

 죽음의 세계도 마찬가지입니다. 사람들은 죽음 이후에 또 다른 영원한 세계가 있다는 사실을 모릅니다. 아니 인정하려고 하지 않습니다. 눈에 보이는 것만 믿으려고 하기 때문에 영적 세계의 일을 인정하려 하지 않는 것입니다. 보이는 것이 전부인 것 같고 경험하고 이해되는 것만이 전부인 것 같지만 사실은 그렇지 않습니다. 보이는 것만 존재하는 것은 아닙니다. 눈에 보이지 않아도 존재하는 것이 더 많습니다.

 사람들이 가지고 있는 보편적 의식이 반드시 진리인 것만은 아닙니다. 자신이 경험하지 못했어도 존재하는 것은 존재하는 것입니다. 사람은 육체가 전부가 아닙니다. 영적인 존재인 영혼이 있습니다. 영혼이 육체 안에 있을 때는 육체가 생명을 유지하지만, 영혼이 육체로부터 분리되면 육체는 죽음을 맞습니다. 그러나 영혼은 죽거나 없어지지 않습니다.

 현존하는 지식과 감정과 의식을 그대로 가지고 하나님의 심판대 앞에 서게 됩니다. 그래서 죽음 이후의 세계가 더 중요합니다. 이 세상이 전부라고 생각하는 사람은 아무리 고고한 의식을 가지고 있고 성공한 삶을 살았다 해도 죽음이 올 때 절망할 수밖에 없고 죽음 이후 절대자의 심판대 앞에 설 때 진노의 심판을 피할 수 없습니다. 그래서 영이 없는 짐승과 달리 인간은 죽음 이후의 세계가 더 중요합니다.

조선조 충신이었던 성삼문은 형장으로 끌려가면서 "북소리 울려 내 목숨 재촉하고, 돌아보니 해는 서산에 걸렸구나, 황천길엔 주막 하나 없다는데, 오늘 밤에는 뉘 집에 가 묵을 꼬."라고 했습니다. 절명가(絶命歌)로 알려진 이 시에서 그는 죽음 이후의 쉼, 즉 머물 곳을 염려하는 한 인간의 모습을 보여 주고 있는 것입니다.

예수를 믿으면 영원히 거할 거처가 예비됩니다. 예수 그리스도께서 우리가 영원히 살 수 있는 집을 예비하러 가신다고 하셨기 때문입니다. 그러므로 이 세상에서의 삶은 영원한 행복과 불행, 천국과 지옥을 나누는 경계선이 되는 것입니다.

(2017. 4. 30)

기독교적인 삶의 영성

기독교 윤리 실천 운동 본부가 실시한 한국인들의 종교 선호도 조사에서 첫째는 불교, 둘째는 천주교, 셋째가 기독교라는 결과가 나왔습니다. 정말 큰일입니다. 이대로 가면 앞으로 몇십 년 후에는 천주교와 불교는 부흥되겠지만 교회는 문 닫는 일들이 생겨날 것입니다. 불신자들이 교회를 선호하지 않는 이유로 첫째가 기독교인들에게 진정한 기독교적 영성이 없다는 것입니다.

교회에서 기독교적 영성이 없어지면 더 이상 교회라고 할 수 없습니다. 기독교적 영성은 기독교인들의 마음과 인격이 성령님의 지배를 받는 것을 의미합니다. 마음이 사단의 지배를 받으면 세상의 사람이고 복잡한 세상사가 마음을 지배하게 됩니다. 성령의 지배를 받으면 하나님의 사람이 되고 하늘나라 일이 그의 마음을 지배하게 됩니다. 그래서 삶과 신앙이 하나로 연결되는 것 그것이 기독교의 영성입니다.

중세 시대 수도원의 영성 생활은 "기도 굴에서 세상과 단절된 채 오직 기도에만 전념하는 것"이었습니다. 이런 신념은 교회를 세상과 공간적으로 구별하고 교회는 거룩하고 성스러운 곳인 반면, 세상은 악한 곳으로 치부하는 이원론을 만들어냈습니다. 이원론은 세속을 강력하게 부정합니다.

육체적이고 물질적인 것은 무조건 악하다는 관념을 가집니다. 하지만 인간은 세속을 떠나 살 수 없고 물질적인 필요를 부정하고는 존재할 수 없는 존재입니다. 그래서 신앙의 이원론에 빠지면 세상과 구별된 거룩한 삶을 추구하면서도 어쩔 수 없이 세속과 적당히 타협하거나 체념하여 그것들에 동화되어 살아갑니다. 그러나 언제나 마음에 남아 있는 양심의 가책 즉 죄의식을 안고 살아가기 때문에 예수를 믿으면서도 마음의 평안과 행복이 없습니다. 그래서 교회에 와서는 자신의 죄를 뉘우치며 회개함으로써 나름대로 위안받기는 하지만 삶 속에서는 여전히 세속적 가치를 추구하며 살아가게 되는 것입니다.

기독교인들이 교회 안에서의 모습과 교회 밖 일터나 직장에서의 모습이 전혀 다르다면 그것은 진정한 그리스도인의 모습이 아닙니다. 오늘날 많은 교인은 예배나 기도, 성경을 읽고 전도하는 등의 종교적인 일들은 거룩한 일이요, 일상 삶과 생활사에 관련된 일들은 세상일이라고 구별하는 경향이 있습니다. 그러나 영적인 일과 세속적인 일의 구별은 다만 공간적인 구별이지 본질적인 구별은 아닙니다.

바울이 "너희는 주 그리스도를 섬기라(골 3:24)"고 말할 때 "섬긴다." 는 것은 "예배한다." 는 의미와 "일한다."는 의미가 함께 있습니다. 그리고 "너희 몸을 하나님이 기뻐하시는 거룩한 산 제사로 드리라 이는 너희의 드릴 영적 예배니라(롬 12:1)"라고 했는데, 여기서 "영적 예배"라는 말은 '일, 봉사, 섬김'과 같은 의미로 쓰였습니다. 구약에서 '일'을 말하는 '아바드'라는 말도 '일'과 '예배'를 포함하여 말하는 단어입니다. 진정한 기독교적 영성이란 일과 기도를 조화시킨 생활 그 자체인 것입니다.

영국의 위대한 설교자 스펄전(Charles Spurgeon) 목사님이 목회하는 교회에 한 여인이 등록하고 얼마 후 세례받기를 원했습니다. 그때 스펄전 목사님은 "당신이 진실로 회개하고 믿음을 가졌다는 증거를 보여 주시오."라고 물었습니다. 그러자 여인이 대답했습니다. "저는 예수를 믿기 전에는 제가 일하는 집에서 청소할 때 작은 쓰레기들은 주인이 보지 못하는 양탄자 밑으로 쓸어 넣었습니다. 그런데 지금은 양탄자 밑에 있는 먼지까지 깨끗이 쓰레기통에 버립니다." 그러자 스펄전 목사님은 "됐습니다. 당신은 세례받을 준비가 되었습니다."라고 말했다고 합니다.

결국 모든 우리의 삶 자체가 하나님의 일이 된다는 것입니다. 직장에서 가정에서 내가 상대하는 모든 이들, 그들이 타 종교인이든 불신자이든 우리는 그들을 상대로 선하신 하나님의 일을 나타내야 합니다.

기독교적 영성은 우리가 기도할 때나 예배드릴 때만 나타나는 것이 아니라 세상에서 사는 동안 모든 삶과 일에서 예수님의 마음, 예수님의 인격이 드러나야만 하는 것입니다.

예배 시간의 영성이 삶의 현장에서 드러나게 해야 합니다. 그것은 예수님의 마음을 닮아가는 것이며 성경에 기록된 말씀을 삶에 적용하고 실천하는 것입니다.

(2017. 6. 11)

지상낙원인가 영원한 천국인가?

독일의 사회심리학자 에릭 프롬(Erich Fromm)은 「소유냐 존재냐」라는 책의 서두에서 "세월이 갈수록 혼란스럽고 인심이 사나운 이유는 사람들의 생각이 잘못되어 있기 때문이다."라고 하였습니다. 그리고 그 잘못된 생각이란 "무언가를 소유하는 것(Having)을 행복으로 생각하는 것이며 사람이 사람다운 사람이 되어야 한다는 사실(Being)을 모르는 것"이라고 했습니다.

소유냐 존재냐의 문제에 대한 가치관의 혼란이 오늘날 세상을 혼란스럽게 하고 이 세상을 지옥처럼 만든다는 것입니다. 신약 성경 부자와 나사로의 비유에서 부자는 "날마다 호화롭게 즐기는 자"로 표현되었습니다. 그는 언제나 충분히 즐길 만한 돈과 명예와 권력이 있었습니다. 아무것도 부러운 것이 없고 부족함이 없는 풍요로운 사람이었습니다. 그러나 그의 결말은 죽음 이후 지옥 형벌을 받는 것으로 끝이 납니다. 과연 그에게 소유의 풍요로움 그리고 그로 인해서 얻을 수 있는 세상에서의 즐거움, 즉 엔조이(enjoy)가 진정한 행복이었을까요? 정말 그것들이 영원한 것이었을까요?

인류 문명은 소유로부터 행복이 온다고 생각하는 사람들에 의해 발전해 왔습니다. 그들은 자본과 기술 그것들을 응용하고 지배하는 권력으로 지상 천국을 만들 수 있다는 확신을 갖고 끊임없이 노력했고 획기적인 성과를 얻어 오늘날의 과학 문명 시대를 열었습니다.

산업화와 기술의 발달 그리고 군주 또는 전제주의 사회체제에서 민주화로 나아가는 정치제도의 발달은 그 가능성을 한층 더 높여주었습니다. 그러나 물질의 풍요로움과 기술의 발달로 인간의 삶에 가히 혁명에 가까울 정도로 편리한 최첨단 도구들이 만들어져 삶의 질이 크게 높아졌다 할지라도 "과연 행복한가?" 하는 질문에는 결코 답을 주지 못합니다. 부요하고 인권을 존중하는 사회적 제도가 잘 갖춰진 선진국 국민일수록 스트레스와 우울증 지수가 높고 이혼율과 자살률이 높다는 것은 결코 소유가 인간을 행복하게 하지 못한다는 것을 말하는 것입니다.

자본과 기술 그리고 권력이 만들어가는 지상 천국, 즉 유토피아(utopia)는 인류의 정신사상 속에 영원한 천국과 지옥의 개념을 제거해 버렸고 그 결과 인간의 삶에서 "즐기는 것" 그 이상은 없는 어두운 세상을 만들어 버렸습니다. 그래서 이 시대 사람들은 천국과 지옥을 말하면 비웃고 귀를 막아버립니다. 아마도 성경에 나오는 부자가 그런 사람이었을 것입니다. 기술과 자본, 그것을 움직이는 권력, 그것이 구원의 길이었고 유일한 삶의 목적이었으며 이유였습니다. 그러나 사람들이 중요한 한 가지 사실을 언제나 지나쳐 버리고 있다는 데 주목해야 합니다. 그것은 죽음이라는 것입니다.

죽음은 그가 평생을 통해 건설해놓은 지상 유토피아를 순간에 허물어버렸습니다. 죽음 앞에서는 어떤 의학적 기술도 아무런 도움이 되지 못했습니다. 자본과 기술 그리고 권력으로 건설한 유토피아는 허상이었고 그것이 아무리 화려하고 아름다웠어도 죽음을 막지 못했습니다.

인간은 언제나 죽음을 염두에 두고 사는 존재들로서 결국은 다 죽습니다. 이것은 엄연한 현실이며 엄숙한 진실입니다. 어리석은 부자는 죽었고 죽음 후에 그의 영혼은 음부, 즉 지옥으로 끌려갔습니다. 죽음 이후 낙원으로 묘사된 천국과, 음부로 묘사된 지옥이 존재함을 알아야 합니다. 세상 사람들은 영원한 천국과 지옥의 존재를 부정하지만 사람들이 부정한다고 지옥이 없어지는 것이 아닙니다.

어떤 전도자가 지옥을 부정하는 사람에게 "당신은 지옥에 갈 것입니다."라고 했더니 그가 화를 내더랍니다. 그래서 "어차피 당신에게 없는 지옥 가라는데 왜 화를 내시느냐?"고 말했다고 합니다. 우리가 깨닫는 것은 지옥을 강력하게 부정하는 사람일수록 "지옥이 없다고 믿는 것이 아니라 지옥이 없기를 바랄 뿐"이라는 것입니다.

성경은 천국과 지옥의 존재를 분명히 말합니다. 천국과 지옥이 있다는 것, 이것이 인류를 향한 하나님의 경고 메시지입니다. 천국과 지옥을 믿게 되면 어리석은 부자처럼 자기만을 위한 지상 천국을 만들지 않습니다. 소유에서 행복을 찾는 것이 아니라 천국의 가치를 실현하는 존재에서 행복을 찾습니다.

참된 그리스도인들은 예수 안에서 새롭게 지음 받는 자아를 통해 지금 사는 이 세상에서도 영원한 행복을 맛보며 사는 존재들입니다. 그러므로 비록 수고하고 무거운 짐을 지고 살고 있지만 영원한 천국의 행복이 구주 예수로 말미암아 충만하게 채워지기를 축복합니다.

(2017. 6. 25)

담력의 출처

경제학자 칼브레이드 박사는 현시대를 '불확실성의 시대'라고 했습니다. 불확실성의 시대에 그리스도인들에게 가장 소중한 것은 믿음의 담력입니다. 믿음의 담력은 하나님을 믿고 의지하여 생기는 용기와 모험정신을 의미합니다. 하나님의 사람들은 어떤 문제를 만나고 어려운 일들을 만날지라도 두려워 떨거나 낙심하고 주저앉지 않습니다.

어떤 경우에도 하나님을 믿고 담대할 수 있습니다. 그런데 문제는 그 믿음의 담력이 어디서 생겨나느냐입니다. 어떤 사람은 담력이 돈에서 생긴다고 봅니다. "천하장사도 무일푼이면 무안색(無顔色)이다."라는 말이 있듯이 돈이나 권력에서 힘이 나온다고 생각하고 그것을 더 많이 소유하려고 얼마나 힘쓰고 애쓰는지 모릅니다.

또 어떤 이는 담력이 지식에서 생긴다고 봅니다. 하지만 지성인들은 편견과 아집에 사로잡히기 쉽고 말쟁이와 궤변가가 되기 쉽습니다. 또 어떤 이는 담력이 명예와 권세에서 생긴다고 보지만 높은 권력과 지위는 사람을 초조하게 만들고 높은 지위에 있을수록 '다모클레스(Damocles)의 칼'로 인한 스트레스가 쌓여서 있는 담력을 떨어뜨리고 용기도 쪼그라들게 합니다.

다모클레스의 칼이란 그리스의 전설에서 유래된 말입니다. 시칠리아섬의 도시국가 시라쿠사 왕 디오니시우스에게는 다모클레스라는 신하가 있었습니다. 디오니시우스 왕은 신하 다모클레스가 왕의 지위와 권력, 부를 부러워한다는 것을 알고 어느 날 다모클레스에게 잠시 왕의 자리에 앉아볼 수 있도록 해주었습니다.

다모클레스는 왕의 배려에 감격하며 왕좌에 앉았습니다. 기대했던 대로 눈앞에는 산해진미가 가득 차 있었으며 세상이 발아래로 보이니 그야말로 부러울 것이 하나도 없었습니다. 그러다 문득 천장을 쳐다본 순간 깜짝 놀라지 않을 수 없었습니다. 천장에는 머리카락 하나로 매달려 있는 날카로운 칼이 있었던 것입니다. 가느다란 머리카락이 언제 끊어져서 자기 머리 위로 떨어질지 모르는 극도의 긴장감 때문에 다모클레스의 감격은 이내 공포로 변하였고 앉아 있어도 앉아 있는 게 아니었습니다.

그리스도인들에게는 담력이 하나님께 있고 하나님을 신뢰하는 믿음을 통해서만 소유할 수 있다는 것을 믿습니다. 다윗이 골리앗 앞에서 가졌던 그 담대함은 하나님이 함께하신다는 믿음 때문이었습니다. 바울이 풍랑으로 배가 침몰될 위기에 처했을 때도 하나님이 함께하신다는 확신 때문에 담대할 수 있었습니다. 모세에게도, 여호수아에게도 담력의 근원은 하나님의 함께하심 때문이었습니다. 모든 그리스도인의 담대함은 하나님을 믿는 믿음 때문이어야 합니다.

영국의 한 장군이 가족과 함께 항해하다 큰 풍랑을 만났습니다. 승객들은 모두 두려움에 떨었습니다. 그러나 장군은 조금도 당황하지 않고 가족들을 안심시켰습니다. 얼마 지나지 않아 폭풍은 가라앉았습니다. 안정을 되찾은 부인이 남편에게 말했습니다. "가족이 다 죽을지도 모르는데 어쩌면 그렇게 태연할 수 있죠?" 그러자 장군은 칼을 빼어 부인의 목을 겨누고 말했습니다. "이 칼로 당신을 찌를 수도 있소. 두렵지 않소?" 부인이 대답했습니다. "칼이 사랑하는 남편의 손에 있는데 어찌 두려워하겠어요?" 장군은 말했습니다. "나도 그렇소. 우리는 사랑하시는 하나님의 손에 있는데 풍랑이 어찌 두렵겠소?"

우리를 사랑하시는 하나님은 전능하신 분입니다. 그리고 그 하나님께서는 당신의 백성들을 반드시 지키십니다. 우리가 고난과 시련의 풍랑 가운데 있을지라도 하나님은 그 가운데서 우리와 함께 계십니다. 어떤 시련과 패배 앞에서도 결코 두려워하거나 좌절하지 맙시다. 그 시련과 패배까지도 우리를 사랑하시는 하나님의 손에 있기 때문입니다.

믿음에 근거한 담력은 죽음을 초월합니다. 결국 승리할 수 있습니다.

그런데 오늘, 넘지 못할 산과 건너지 못할 깊은 강물, 풀어지지 않는 문제 앞에서 떨고 있는 나, 두려워 한 발짝도 앞으로 나아가지 못하는 우리의 모습을 봅니다. 더 큰 믿음이 요구되고 더 깊은 신뢰가 필요한 때에 스스로 포기하고 주저앉아 그저 무능함을 한탄하고 있는 우리의 모습을 봅니다. 살아 계신 하나님을 고백하는 우리가 전능하신 하나님을 인간의 한계 범주에 가둬두고 크신 하나님이라고 공허한 고백만 남발하는 우리의 모습을 하나님은 어찌 보실는지 부끄럽습니다.

담력은 나의 가진 것이나 실력이나 능력에서 나오는 것이 아닙니다. 하나님이 수시로 담대하라고 하실 때 그것은 하나님의 함께하심에 대한 약속 때문이었습니다. 오늘 우리에게 요구되는 것은 "함께하리라."고 약속하신 하나님을 신뢰하는 오직 믿음과 그 믿음에 따르는 "죽으면 죽으리라."는 헌신의 고백입니다. 우리의 앞길을 막아 흐르는 저 깊은 강물에 하나님의 살아 계심과 그분이 함께하심을 믿고 담대하게 발을 담글 용사가 누구일까요?

(2017. 8. 13)

태국 펫부리 산티팝 양정교회 설립예배

2018년 1월 10일 수요일 태국 남부지역 펫부리에 산티팝 양정교회 설립 예배를 드렸습니다. 2013년에 김도형 선교사를 태국으로 파송하여 5년간 언어 및 사역에 필요한 준비를 하게 하였고, 이곳에 교회 설립을 목표로 매년 꾸준히 단기 팀을 보내어 땅 밟기 및 봉사활동 등을 통해서 복음의 씨를 뿌린 결과입니다.

교회가 없는 곳에 교회를 세우는 일은 쉽지 않은 일입니다. 사단의 방해 때문입니다. 그동안 선교사를 공격하고 우리 교회를 공격하여 이 일을 포기하게 하려는 시도가 있었지만, 주님의 은혜로 세례 교인 한 분과 대학생 5명 그리고 주일학교 학생 20~30명을 중심으로 전도처에서 교회로 세워지게 된 것입니다.

주님은 처음 교회 창립 계획을 선포하시면서 "내가 내 교회를 세우리니 음부의 권세가 이기지 못하리라(마 16:18)"라고 하심으로 교회를 통해서 음부의 권세 즉 마귀의 권세와의 전쟁을 선포하셨습니다. 교회는 그 전투를 수행하는 군대이며 성도들은 주님의 군사들입니다. 그래서 교회는 반드시 승리합니다. 왜냐하면 주님이 만왕의 왕이시며 우리 군대의 총사령관이시기 때문입니다.

영적 전투에서 승리하기 위한 주님의 명령은 사랑입니다. 사랑은 힘이 없는 것 같지만 그 어떤 무기보다 강하고 힘이 있습니다. 영적 전쟁에서 우리가 사용할 수 있는 가장 강력하고 효용성 있는 무기가 사랑입니다. 미워하는 사람도 사랑해야 합니다. 반대하고 핍박하며 저주하는 사람도 사랑해야 합니다. 나를 속이고 배반하는 사람도 사랑해야 합니다. 왜냐하면 예수님이 그렇게 하심으로 승리하셨고 온 세상 사람들을 마귀의 손에서 구출하여 하나님의 자녀가 되게 하셨기 때문입니다.

목사가 그래야 하고, 선교사도 그래야 합니다. 그리고 온 그리스도인들도 그러하여야 합니다. 서로 물고 뜯으면 망합니다. 주님은 사랑으로 세상을 이기셨고, 사단 마귀를 굴복시키시고 완전한 승리를 거두셨습니다. 그리고 사랑으로 세우신 교회를 음부의 권세가 해하지 못하게 하셨습니다. 그런데도 패배자 사단은 패배를 인정하지 않고, 주님이 세우신 교회를 공격합니다. 그래서 아직은 영적 전투를 피할 수 없습니다.
펫부리 산티팝 양정교회의 설립은 곧 이 지역의 악한 영들과의 전쟁을 선포한 것이기도 합니다. 나는 설립 예배 시간 전 나 혼자 펫부리 시내를 돌며 땅 밟기를 하였습니다. 세 시간 반 동안 약 9km를 기도하며 걸었습니다. 시장도 보고 학교도 보았습니다. 크고 웅장한 시내 중심에 있는 절에도 들어가 보았습니다. 그리고 시내 전체를 내려다볼 수 있는 곳에 가서 도시 전체를 향하여 '산티팝 펫부리 양정교회 설립을 선포하리라.'는 마음으로 작은 산에 올라갔습니다.

산 입구로 들어서는데 갑자기 개 한 마리가 길을 막고 으르렁거리며 달려드는 것이었습니다. 바라보면 서 있고 돌아서면 달려들고 그렇게 하기를 몇 번을 했는지 모릅니다. 거의 한 시간 가까이 그 개와 기싸움을 하다가 손가락으로 가리키며 "꼼짝 마." 하고 소리쳤더니 신기하게 개가 꼬리를 내리고 슬금슬금 사라지는 것이었습니다. 신기한 것은 그 개가 다른 사람들은 거들떠보지도 않고 내게만 달려들었다는 것입니다. 그래서 이것이 영적 싸움이라는 것을 깨달았습니다.

하나님의 사람이 주의 이름으로 걷는 발걸음 하나하나에도 사단이 긴장하고 방해한다는 것을 깨닫게 되었습니다. 정상에 가보니 전체가 다 오래된 사원이었습니다. 그 산 이름이 '프라 낙콘 키리'라고 하는데, 그 의미는 신성한 산이라고 합니다. '신이 사는 산'이라는 것입니다.

그 이름에 걸맞게 산 전체가 다 절이었습니다. 그리고 거기서 내려다 보이는 펫부리 시내 곳곳에 우뚝우뚝 솟아 있는 거대한 사원의 뾰족 탑들은 그 도시 전체가 우상의 도시요 사단의 도성임을 보여 주었습니다. 그 안에 수십 만의 영혼들이 우상과 미신과 어둠의 악한 영들에게 속고 그것들에 사로잡혀 살아가고 있습니다. 견고한 사단의 진영을 보며 우리가 무엇을 할 수 있을까 하는 두려움이 앞섰습니다. 그러나 하나님이 역사하실 것입니다.

어쩌면 이 산을 올라오면서 겪은 개 한 마리의 사나움은 아무것도 아닌 우는 사자같이 삼킬 자를 찾는 사단의 힘이 지금 우리를 두렵게 하고 있는지 모릅니다. 최근 우리가 처한 영적 상황들이 우리를 의심과 염려로 말미암은 두려움에 젖어 들게 하지만 우리가 물러서서 침륜에 빠지지 않으면 주님이 반드시 함께하실 것입니다.

바울이 고린도에 도착했을 때 고린도의 영적 상황을 보고 두려워 떨었습니다. 그러나 하나님은 연약한 그를 통해 복음이 전파되게 하셨고 고린도 교회가 세워진 것처럼 하나님은 나와 우리 교회를 통해 이 일을 이루실 것입니다. 그리고 김도형 선교사님을 통해서 펫부리에 놀라운 일을 이루실 것입니다.

'펫차부리'라는 이름은 보석의 도시라는 의미입니다. 지금은 영적으로 우상과 미신의 암흑의 땅이지만 영적으로 하나님의 보석 같은 사람들을 세우실 것입니다. 우리는 그 보석을 캐내는 일꾼들입니다. 앞으로 보석 같은 그리스도인들이 많아져서 영적으로 신령한 보석의 도시가 되리라 확신합니다. (2018. 1. 14)

예수 안에서 발견하는 나의 소중함

지난 주간 미국에 있었습니다. 나이스크 설립 25주년 행사와 콘퍼런스에 참석하고 LA 평화교회 주일 예배를 인도했습니다. 그리고 이틀 동안 창조과학의 증거물이기도 한 그랜드 캐니언 지역 탐방도 하고 금요일 밤에 귀국했습니다. 몸은 미국에 있어도 마음은 우리 교회에 있었고 내게 맡겨주신 성도 여러분들에게 있었습니다. 어디에 있든지 따라오는 많은 염려와 걱정이 있지만 주님께 맡겼습니다. 일정을 위해 기도해 주신 성도님들께 감사드립니다.

금년 겨울은 유난히도 추운 날들이 계속됩니다. 추위로 고생하시는 분들도 있어서 추위가 빨리 지나고 따뜻한 봄날이 오기를 기대하면서도 한편으로는 금년 겨울은 정말 겨울답다고 생각합니다. 우리나라 기후에서는 겨울은 추워야 겨울다운 것이고 여름은 더워야 여름답기 때문입니다. '답다'라는 말은 정체성을 의미하는 단어입니다.

아이는 아이다워야 하고 어른은 어른다워야 하듯이 예수 믿는 사람은 예수 믿는 사람다워야 합니다. 성경은 예수님 믿는 사람들을 소금으로 비유하며 "소금이 만일 맛을 잃으면 무엇으로 짜게 하리요"라고 했습니다. 소금이 소금다우려면 짠맛이 있어야 합니다. 짠맛은 소금의 본질적인 성분을 드러내는 것입니다. 소금의 짠맛은 변할 수 없습니다. 예수 믿는 사람들은 십자가의 공로와 은혜로 구원받아 하나님 자녀의 신분을 갖게 된 사람들입니다. 이 본질적인 자녀의 신분은 어떤 환경이나 형편 때문에 변하지 않습니다.

쉽게 좌절하고 낙심하고 포기하지 말고, 너무 쉽게 원망하고 불평하여 죄짓지 말고 예수의 사람답게 생각하고 말하고 행동하여야 합니다.

미국의 유명한 뉴스 캐스트였던 브린클리(David Brinkley)는 "하나님은 가끔 우리 앞에 빵 대신 벽돌을 던져 놓기도 하는데 어떤 이는 원망하여 그것을 발로 걷어차다가 발가락이 부러지기도 하고, 어떤 이는 그 벽돌을 주춧돌로 삼아 집을 짓기 시작한다."라는 명언을 남겼습니다. 고난이라는 벽돌은 다루는 사람의 태도와 마음에 따라 행복의 기초가 될 수도 있고 불평과 불행의 원인이 될 수도 있다는 것입니다. 그래서 하나님은 자신의 마음을 다스리라고 했습니다. 자기 마음을 다스릴 수 있는 사람이 성을 뺏는 용사보다 더 훌륭하다는 것입니다(잠 16:32).

자기 마음 추스르기를 잘하는 사람이 되어야 합니다. 그러나 때로는 내 마음도 내가 어찌 못할 때가 있습니다. 사람과 사람 사이에서 일어나는 모든 부정적이고 악화된 관계들로 인한 마음의 상처와 반복되는 실패와 좌절로 인해 마음 밑바닥에 쌓이는 것들이 있습니다. 그것들은 근심과 걱정, 의심과 두려움 또는 시기 질투, 미움, 분노와 같은 감정의 찌꺼기들입니다. 이것들을 잘 다스리지 못하면 삶은 우울해지고 두려움이 앞서며 걱정과 근심에 갇히게 되어 삶이 지옥이 됩니다.

세 자녀의 운동화도 사줄 수 없을 만큼 가난한 한 남자가 있었습니다. 그는 자기 아이들의 운동화가 너무 자주 닳아서 매번 사줄 수가 없다고 불평을 늘어놨습니다. 그런데 한 부인이 그 이야기를 듣다가 눈물을 글썽이며 울었습니다. 이유를 물으니 외동딸이 하나 있는데 태어나서 12년이 되도록 운동화를 신어본 적도 없고 단 한 발자국도 걸어 본 적이 없는 장애아랍니다. 그런 자신의 딸이 불쌍해서 울었다는 것입니다. 집에 돌아온 그는 현관에 놓여있는 아이들의 낡은 운동화를 물끄러미 한참 동안 바라보다가 그 자리에 엎드려 자기의 불평에 대한 회개와 아이들의 건강함에 대한 감사의 기도를 드렸습니다.

이 이야기는 많은 생각을 하게 합니다. 사람들의 삶이란 일률적이지 않습니다. 너무도 다양합니다. 생각도 다르고 삶의 환경도 형편도 다릅니다. 그래서 나를 누구와 비교하여 생각하지 말아야 합니다. '나'라는 존재는 세상에 오직 하나밖에 없는 소중한 존재입니다. 주님은 천하보다 더 소중한 존재임을 말씀하셨습니다. 그러기에 내가 어떠한 형편에 있고 어떤 삶의 모양을 가지고 있더라도 나를 위해 죽으시고 부활하신 주님 안에서 가치를 찾고 삶의 만족을 찾을 줄 알아야 합니다. 예수 안에서만 발견되는 나의 소중함을 깨닫게 되기를 축원합니다.

(2018. 2. 11)

가시나무

하루는 산에 있는 나무들이 왕을 뽑기 위해서 회의를 했습니다. 나무들은 먼저 감람나무를 왕으로 추대하였지만 감람나무는 왕이 되는 일이 자신의 본분이 아니라는 이유로 거절하였습니다. 다음으로 추대 된 무화과나무도 역시 "내가 아름다운 실과 맺는 일을 버리고 어찌 왕이 되어 다른 나무들 위에 요동하겠는가?"라고 말하며 거절합니다.

세 번째로 포도나무에 부탁했지만 역시 같은 이유로 왕이 되기를 거절하였습니다. 나무들은 마지막으로 가시나무에 부탁했습니다. 그러자 가시나무는 기다렸다는 듯이 왕이 되어달라는 요청을 수락할 뿐 아니라 만일 자신을 왕으로 세우지 않는다면 모두 진멸해 버리겠다며 위협하기까지 하였습니다.

이 이야기는 구약성경 사사기에 나오는 내용으로써 가시나무는 기드

온 사사의 아들 아비멜렉을 의미합니다. 그는 아버지인 기드온 사사가 죽은 후에 형제들을 다 죽이고 스스로 왕으로 등극한 사람입니다. 형제들이 다 죽임당하는 비극의 현장에서 간신히 살아남은 그의 막냇동생 요담이 아비멜렉은 왕이 되면 안 되는 가시나무 같은 존재라는 것을 사람들에게 알리기 위해 비유를 들어 말한 내용입니다.

아비멜렉은 사사 기드온이 세겜 출신의 기생에게서 낳은 아들입니다. 그는 어려서부터 첩의 아들이라는 소리를 들으며 자랐을 것입니다. 주변의 따가운 시선과 눈총은 그가 열등감과 자격지심에 사로잡히게 하였고 성장 과정에서 건강하지 못한 자아가 형성되어 그의 성품과 인격에 이기적인 가시를 품게 하였을 것입니다.

그 가시들이 서로 얽혀 자신을 찌르고 그 찌름이 아픔이 되고 슬픔이 되어 불신과 원망과 미움만 가득해지고 그 이기적인 자아 속에 박힌 가시가 자신의 성공을 위해서라면 형제들을 다 죽이는 살육도 서슴지 않고 행할 수 있는 가시나무가 되게 하였던 것입니다.

사람들은 누구나 내면에 자기만 아는 가시가 있습니다. 그 가시는 남을 찌르기 전에 자신을 찌릅니다. 자신을 찌를 뿐 아니라 그 상처로 또다시 누군가를 찔러서 아프게 하고 괴롭게 합니다. 자신의 마음 안에 있는 가시를 볼 수 없으면 인간관계를 원만하게 유지할 수 없습니다. 내면의 가시는 때로는 고집으로, 잘못된 행동으로, 누군가는 비난하고 정죄하는 언어로 나타납니다. 그래서 마음에 가시가 우거진 사람은 자신도 불행하고 남도 불행하게 합니다.

하덕규 씨의 '가시나무'라는 노래가 있습니다. 88년에 시인과 촌장이라는 앨범에 수록되어 히트를 한 곡입니다. 하덕규 씨는 한때 마약 중독에 빠지기도 하고 위암에 걸리기도 하며 방황하는 곤고한 삶을 살았습니다. 그러다가 주님을 만나고 나서 자기 모습 속에서 자아가 너무 강하여 그것이 가시가 되어 자신을 찌르고 남을 찌르고 있다는 것을 깨달았습니다.

주님의 말씀 앞에서 자신을 발견한 순간 자신을 힘들게 하고 찌르는 것이 그 누구도 아닌 자기 자신임을 깨닫고 단숨에 적어 내려간 노랫말이 가시나무입니다. 하덕규 씨는 후일 목사가 되어 원래 대중가요로 만들어졌지만, 주님을 만난 자신의 신앙고백을 담았기 때문에 찬송가와 같은 곡이라고 고백하였습니다.

"내 속엔 내가 너무도 많아 당신은 쉴 곳 없네. 내 속엔 헛된 바람들로 당신은 편할 곳 없네.
내 속엔 내가 어쩔 수 없는 어둠 당신의 쉴 자리를 뺏고 내 속엔 내가 이길 수 없는 슬픔 무성한 가시나무숲 같네.
바람만 불면 그 메마른 가지 서로 부대끼며 울어대고 쉴 곳을 찾아 지쳐 날아온 어린 새들도 가시에 찔려 날아가고 바람만 불면 외롭고 또

괴로워 슬픈 노래를 부르던 날이 많았는데 내 속엔 내가 너무도 많아서 당신의 쉴 곳 없네."

주님은 나의 뾰족한 가시를 제거하시고 굳은 돌덩이를 부드럽게 하셔서 진정한 평안을 주시는 분이십니다. 그러기에 내 안의 가시를 주님 앞에 고백하고 내려놓아야 합니다. 자존심도 열등감도 지위도 신분도 명예도 다 내려놓아야 합니다. 내가 붙들고 있는 것들, 나를 쉬지 못하게 하는 것들을 내려놓아야 합니다.

주님께서 내 안의 가시를 제거하시고 더 이상 자신과 누군가를 찌르는 가시나무가 아닌 아름답고 달콤한 열매를 맺어 모든 사람을 유익하게 하고 하나님께 영광을 돌릴 수 있는 무화과나무, 포도나무가 되게 하실 것입니다.

(2018. 12. 9)

나를 부르신 것은

포도원 주인이 이른 아침에 인력시장에 나가서 품꾼들을 데려다가 일을 시켰습니다. 그리고 다시 해 질 무렵에 다시 그곳에 갔을 때 그때까지 거기 있는 사람들을 만났습니다. 포도원 주인은 그들에게 "왜 일하지 않고 종일토록 여기 있느냐."라고 물었습니다. 그랬더니 그들은 "써 주는 이가 없기 때문"이라고 대답합니다(마 20:7-8).

일하고 싶어도 써주는 이가 없다는 것입니다. 실력이 있고 능력이 있는데도 나를 불러주는 이가 없다는 것은 불행입니다. 그런데 능력도 없고 실력도 없고 전문적인 기술도 없다면 더욱 불행한 일이 아닐 수 없습니다. 어찌 됐든 이들은 그 누군가에게도 선택되지 못했습니다. 그래서 하루 종일 놀고 있었습니다.

이들이 누구에게도 부름을 받지 못한 것은 일에 대한 경험이 없었든지, 건강이 좋아 보이지 않았든지 하는 어떤 이유가 있었을 것입니다. 그들은 결격 사유가 많았고 노동력을 필요로 하는 사람들에게 인정받지 못했던 것 같습니다. 그런데도 그들이 쉽게 장터를 떠나지 못했던 것은 그만큼 절박했기 때문일 것입니다. 아마도 일을 찾지 못하면 하루의 끼니를 굶어야 하는 가족들이 기다리고 있는 가난한 가장들이었을 수도 있습니다.

포도원 주인은 아무도 써주지 않아 하루 종일 놀고 있던 이 사람을 자기 포도원으로 들여보냈습니다. 그리고 이 은혜로운 포도원 주인은 한 시간만 일한 그들에게도 하루 종일 일한 사람들과 똑같이 대우하여 하루의 일당을 주었습니다. 당연히 먼저 온 사람들이 강한 불만을 표출했지만 주인은 개의치 않았습니다.

이 비유의 말씀에는 상징적인 의미가 있습니다. 포도원 주인은 하나님을 상징하고 마지막 품꾼은 오늘날 모든 기독 성도를 의미합니다. 우리는 이 이야기를 통해서 하나님이 사람을 쓰시는 한 가지 원칙을 발견하게 됩니다. 그것은 하나님은 자신의 일터에서 사람을 쓰실 때 손익 계산 없이 부르시고 쓰신다는 것입니다.

만일 포도원 주인이 손익 계산에 철저한 사람이었다면 오후 늦은 시각에 일꾼을 쓰지도 않았을 뿐 아니라 썼다 할지라도 한 시간 일한 만큼의 품삯만 주었을 것입니다. 그런데 주인은 그들이 일한 것에 비해서 파격적인 온전한 하루 일당에 해당하는 품삯을 지급하였습니다. 이 사실에서 적어도 주인은 놀고 있던 이 사람들에게서 이익을 보기 위해 일을 시킨 것이 아니라 그들을 도와주기 위해 일을 준 것입니다.

하나님이 우리에게 맡기는 모든 일들이 그렇습니다. 하나님이 자신의 이익을 생각하고 우리에게 일을 맡기신다면 우리는 하나님의 일을 맡을 자격이 없는 사람들입니다. 단지 성실한 태도와 충성스런 자세를 원하십니다. 그리고 충성된 마음의 소유자를 기뻐하십니다. 사도 바울도 하나님이 자신에게 일을 맡기신 것은 자신을 충성되게 여겨 일을 맡기셨다고 고백하였습니다.

충성스럽다고 여겨주시는 것은 오직 하나님의 은혜입니다. 비유에 나오는 사람들은 남들이 다 선택되어 일터로 갈 때에 그 무엇 하나 내세울 만한 것이 없는 그런 사람들이었을 것입니다. 그러나 그들은 실망하고 자포자기하며 그 자리를 떠나지 않고 기다렸습니다. 그리고 저녁때가 될 무렵에 정말 생각지도 않은 시간에 은혜로운 포도원 주인을 만났습니다. 그리고 그때까지 간절하게 일을 찾는 그들을 불쌍히 여기는 포도원 주인의 배려로 포도원의 일을 맡게 되었습니다.

아마도 그들은 얼마 남지 않은 시각에 해가 질 것을 알기에 최선을 다했을 것입니다. 그 늦은 시각에 자신들을 불러 일을 맡겨준 포도원 주인의 은혜에 감격하여 어쩌면 아침 일찍 선택된 다른 품꾼들보다 최선을 다하여 맡겨진 일에 충성했을 것입니다.

 하나님의 은혜를 입은 자는 하나님께 대한 충성으로 은혜에 보답하는 것이 도리일 것입니다. 우리가 받은 은혜를 무엇으로 다 보답할 수 있겠습니까. 만일 하나님이 나에게 무엇을 원하신다면 그것은 나에게 어떤 이익을 취하시기 위해서가 아니라 나에게 더 많은 복과 은혜를 주시기 위함이라는 것을 믿어야 합니다.

 주님이 우리를 불러서 주신 사명은 얽어매는 올가미가 아닙니다. 도리어 우리에게 더 크고 많은 복을 주시기 위한 근거를 확보하시고자 하시는 것입니다. 그래서 "맡은 자에게 구할 것은 충성"이라고 했듯이 하나님이 그 무엇을 위해서 우리를 부르셨다면 하나님께 충성스러움을 드릴 기회인 줄 알고 최선을 다하면 되는 것입니다.

(2019. 12. 1)

안방의 영성에서 광야의 영성으로

경자년 새해가 밝은 지 벌써 5일이 지났습니다. 사람들은 새해에는 무슨 특별한 새로운 일들이 있을 것을 기대하지만 우리가 살아내어야 할 올해 역시 어느 때보다도 어려운 한 해가 될 것이 예상됩니다. 2020년의 대한민국이 고통스러운 것은 무엇보다도 정치적인 입장과 생각들이 첨예하게 나뉘어 갈등이 너무나도 심하고 국가 경제가 어려워져서 사람들의 마음에 여유가 없어졌다는 것입니다. 좁아진 마음에는 무슨 이유인지도 모르는 분노를 쌓아가고 그것이 언제 폭발할지 모르는 위기감을 느끼게 합니다.

서로 '네 탓이다'라고 하면서 작은 일에도 쉽게 화를 내고 미워하며 용서하지 않는 사회 분위기가 영적 흐름이 되어 교회 안에도 이미 깊숙하게 들어와 있습니다. 하나님의 말씀을 기본 삶의 원칙으로 살아야 할 그리스도인들조차도 말씀과는 관계없이 자기중심적인 사고방식을 고집하며 하나님을 자기만의 하나님으로 헛되게 이용하고 있습니다.

한국 교회 안에서 흐르는 다툼과 분열의 영은 시기와 질투, 원망과 불평을 일으키어 그리스도의 몸인 교회를 불화하게 하여 하나님의 능력은 사라지고 교인들의 마음에 절망감만 팽배하게 만들어 놓았습니다. 전도하지 않는 그리스도인, 입술의 고백만 있고 삶의 열매가 없는 신자만 가득하여 세상에 대하여 선한 영향력을 나타내지 못하는, 성령의 능력을 나타내지 못하는 무기력한 모습이 되었습니다. 내 모습이 그랬고 우리 교회가 그랬고 한국 교회가 그랬습니다.

한 해를 맞는 나의 마음이 답답하여 은퇴하신 후에 봉쇄수도원을 세워 수도생활에 들어가신 은사님(강문호 목사님)을 찾아뵙고 중세기 수도자들의 영성에 대한 가르침을 받고 돌아왔습니다. 지금까지 나 자신이 얼마나 편안하고 안락함에 젖어 교만하고 게으르고 허영에 묻혀서 지냈는지 회개했습니다. 안방의 영성에서 광야의 영성으로 나아가야 한다는 강력한 성령님의 책망과 권고와 위로의 말씀을 들었습니다.

영적으로 이렇게 어두운 시대적 상황에 직면하여 우리는 예수님께서 가르쳐 주시고 바울 사도가 실천했던 광야의 영성을 배우고 실천해야 하겠습니다. 담임목사인 나를 비롯한 교역자들과 중직자들이 광야의 영성을 회복하는 일에 집중하도록 해야 하겠습니다. 광야의 영성은 기도의 영성입니다. 기도의 불이 붙으면 하늘의 능력이 임합니다. 성도들이나 교역자들이 무기력증에서 벗어나지 못하는 이유는 기도하지 않기 때문입니다. 골방에서 조용히 주님을 독대하는 은밀한 기도가 심령을 살리고 교회에 활력을 불어넣어 줍니다. 교회는 '만민이 기도하는 집'이라고 하셨으니 교회당에 기도의 발걸음이 끊어지지 않게 해야 합니다. 그동안 등한히 했던 소제 기도회에 불을 붙이고 금요기도회와 새벽기도회에 불을 붙이도록 노력해야 합니다.

개인 기도로 시작된 기도는 개인을 넘어 교회 전체로 그리고 우리 교회를 넘어 지역 연합으로 가야 합니다. 우리 교회가 산상 연합 기도회와 주빌리 기도회 그리고 마마 클럽 어머니 기도회를 잘 섬겨서 우리 전주 지역에 기도의 영성을 이끌어가는 교회가 되어야 하겠습니다.

광야의 영성은 십자가의 영성이며 비움의 영성입니다. 그동안 가르치고 실천해 왔던 양정인의 3대 정신과 3대 성품을 목회에 적용하고 성도들의 삶이 구호나 표어를 외치는 것으로 만족하는 것에서 이제는 실천적인 열매로 나타나게 해야 합니다. 모든 성도가 "내가 먼저 인사하기"로 시작하여 내가 먼저 꼬리 내리고 낮아지는 십자가의 비움의 영성을 실천하여 화목, 일치, 선교하는 양정인의 목표와 가치를 실현하도록 하여야 하겠습니다.

우리 안의 모든 욕심과 탐심을 비우면, 내가 먼저 꼬리를 내리면 영적인 힘을 다시 얻을 수 있습니다. 세상 것은 가져도 채워도 한이 없습니다. 만족이 없고 기쁨이 없습니다. 그러나 성령 충만한 광야의 영성은 아무것도 없는 광야에 홀로 서 있어도 하늘의 소리를 듣고 하나님의 임재를 느끼며 그것만으로 기쁨이 넘치게 됩니다. 새해가 되었다고 해서 새해가 아니라 우리의 마음이 변화되어야 진정한 새해가 되는 것입니다. 안방의 영성에서 광야의 영성으로 나아갑시다.

"전능하신 하나님 아버지, 새로이 맞이하는 금년에도 부족한 종과 우리 교회와 성도들을 긍휼히 여기시고 불쌍히 여겨주시기를 기도합니다. 은혜 아니면 아무것도 할 수 없어서 주님의 십자가 밑에 엎드립니다. 교만과 게으름과 욕심을 성령의 불로 소멸해 주시고 편안함을 추구하는 안방의 영성에서 우리가 처음 은혜 받을 때 경험했던 광야의 영성, 십자가의 영성으로 나아가게 하셔서 경자년 새해가 주의 이름을 영화롭게 높이는 한 해가 되게 하소서."

(2020. 1. 5)

무엇이 나를 움직이게 하는가

속담에 "목마른 사람이 샘 판다."는 말이 있습니다. 어떤 필요를 느끼는 사람이 그 필요를 채우기 위해 움직인다는 것입니다. 신앙생활도 자신의 필요에 따라 움직이는 것을 봅니다. 평안할 때는 기도하지 않지만 일이 터지고 문제가 생기면 다급하게 하나님을 찾습니다. 물론 그 자체가 나쁘다는 것은 아닙니다. 다만 기독교 신앙의 본질은 나의 필요와 욕구를 채우기 위한 동기에서 움직이는 것이 아니라는 것입니다.

미국의 사상가 에머슨이 휴가를 얻어 어느 시골집에 머물고 있었습니다. 하루는 암소를 외양간에 넣기 위해 온갖 노력을 기울였는데 암소는 한 발짝도 움직이지 않았습니다. 그런데 주인집 소녀가 암소에게 다가와서는 콧잔등을 부드럽게 쓰다듬어 주고 고삐를 살짝 당기자 암소가 순순히 외양간으로 들어가는 것이었습니다. 그 모습을 본 에머슨은 "사람이나 동물의 마음을 움직이게 하는 것은 외부의 힘이 아니라 내부의 동기"라고 생각했습니다. 심리학자들은 내부의 동기를 '당근(carrot)', 외부의 동기를 '막대기(cane)'라고 부릅니다.

저는 사람을 움직이는 '당근' 즉 내부의 동기가 바로 '감동'이라고 생각합니다. 그러기에 누군가를 윽박질러 행동의 변화를 얻어 내려는 사람은 어리석은 사람입니다. 그는 상대로부터 변화의 '시늉'만을 받아낼 뿐이기 때문입니다. 구약시대에 나타난 수많은 징계와 징벌, 그것으로 사람들이 변화되지 않았습니다. 그들은 하나님의 불기둥, 구름기둥을 현장에서 목격하면서도 감동하지 못했고 여전히 마음이 완악하고 둔하고 딱딱했으며 필요가 채워지지 않으면 언제든지 하나님 목전에서도 불평하고 원망을 그치지 않았습니다.

무거운 징계와 채찍에도 불구하고 여전히 불순종하고 타락하고 변화되지 못하는 백성으로 남았습니다. 그러나 예수 그리스도의 십자가 사건에서 이 이야기는 완전히 달라집니다. 예수께서 십자가에 죽으신 결과 내게 구원의 길이 열렸다는 십자가 이야기에 감격하고 감동하게 된 것입니다. 십자가 사건에 감동하는 사람들이 모인 곳이 교회입니다. 예수의 사랑과 은혜에 감동하여 그분을 따르기로 작정하고 어떤 헌신도 어떤 고생도 기쁨으로 감당할 자세가 된 사람들이 예수의 사람들인 것입니다. 그래서 교회의 중심에는 예수의 십자가가 있고 그 십자가 때문에 감동된 사람들이 있습니다.

십자가의 은혜가 흐르고 십자가의 감동이 넘치는 모습이 교회의 진정한 모습입니다. 교회의 힘과 에너지는 돈이나 권력이 아닙니다. 어떤 명예나 권세도 아닙니다. 오직 하나님의 사랑과 그 은혜에 대한 감격이 교회를 역동적으로 움직이게 하는 것입니다. 그런데 오늘날 우리의 모습은 사랑받은 사람, 은혜 받은 사람의 감격과 감사는 없고 그저 무신경, 무관심, 무감동만 있는 것 같아 안타깝습니다.

　일본의 신학자 우찌무라 간조는 "만일 하나님이 인간을 저주하신다면 질병이나 실패나 죽음 따위로 저주하시지 않고 성경을 읽어도 믿지 못하는 마음, 하나님이 살아 계시는 것을 믿지 못하는 마음으로, 감사한 마음이 우러나오지 않는 마음으로 저주하실 것"이라고 했습니다. 우리의 마음에 감동이 없는 것, 그 자체가 저주라는 것입니다.

　감동이 없는 마음은 무뎌진 마음이고 굳어진 마음이고 그 자체가 불행입니다. 성경을 읽어도, 어떤 설교를 들어도 마음에 와 닿는 것이 없다면 하나님과의 관계에 어떤 문제가 있다는 것입니다. 사실은 그 자체가 괴로운 것입니다. 그러나 찬송을 부르고 설교를 듣고 기도를 드릴 때마다 또는 순간순간 삶의 현장에서 하나님의 은혜에 대한 깨달음으로 눈물이 나고 마음에 벅찬 감사와 감동이 흐른다면 그 자체가 행복이며 축복입니다.

저는 감동이 있는 목회를 하려고 애써왔습니다. 무겁고 차가운 율법적 설교보다 하나님의 자비와 은혜에 기초한 복음 설교를 힘썼고 교우들을 대할 때도 품고 기다리는 긍휼 목회를 힘써왔습니다. 그리고 나의 일상의 삶을 통해서도 하나님이 주시는 감동을 전하려고 몸부림쳤고 마음이 감동된 사람들이 구름떼처럼 일어나 하나님의 살아 계심을 찬양하며 영광을 돌리는 그런 꿈을 꾸며 여기까지 왔습니다. 그런데 아직 그 길은 멀고 험한 것 같습니다.

왜냐하면 때때로 나 자신이 아직 부족하고 한없이 약하다는 생각이 들기 때문입니다. 그래도 성령께서 일하실 줄을 믿습니다. 여기까지 이끄신 주님이 내 안에서 우리 교회 성도들의 마음 안에서 그 일을 행하실 줄을 믿습니다. 복된 신앙생활은 하나님에 대한 감동에서 출발합니다. 여러분은 무엇이 여러분을 움직이게 합니까?

(2020. 1. 9)

기도 응답의 확신

흔히 기도는 영혼의 호흡이라고 말합니다. 우리 몸이 공기를 들이마시고 내쉬는 호흡을 통해서 산소를 공급받아 생명 작용을 유지하는 것처럼 거듭난 그리스도인들이 하나님의 영적 생명을 공급받아 생명력을 유지하는 통로가 바로 기도이기 때문입니다.

육체가 숨 쉬는 호흡을 통해서 공기 중에 있는 산소를 들이마시고 몸 안에서 발생한 이산화탄소 같은 독기를 배출하여야 생명이 유지되는 것처럼 우리의 영이 생명을 유지하기 위해서 영혼의 호흡이 필요한 것입니다. 그래서 우리가 기도한다는 것은 하나님의 은혜를 들이마시고 자아를 내쉬는 것과 같습니다. 예수 그리스도를 들이마시고 우리의 죄악을 밖으로 내쉬는 영적 호흡이 기도입니다.

기도를 단순히 심리적으로만 이해하려는 경향이 있습니다. 의학 사전에 "위약 효과(placebo effect)"라는 용어가 있는데 환자에게 가짜 약을 투여하면서 약의 효능에 관하여 강한 신뢰를 갖게 하면 실제 약을 먹은 것과 같은 치료 효과가 나타나는 현상을 의미하는 용어입니다. 완전히 심리적 요인 즉 환자가 희망과 믿음, 기대를 가지고 약을 먹으면 그 심리적 요인에 의해서도 치료 효과가 있다는 것입니다. 기독교인들 중에도 기도 응답을 이러한 일종의 심리적 현상으로 해석하려는 사람들이 있다는 것입니다. 그러나 기도 응답은 단순한 심리적인 현상이 아닙니다. 전능하시고 살아 계신 하나님의 역사에 의한 분명한 응답입니다.

하나님은 우주 만물과 인간을 치밀하고도 완벽한 계획과 목적을 가지고 창조하셨을 뿐 아니라 그 목적을 성취하시기 위해 지금도 살아 계셔서 세상 역사를 주도적으로 이끌어 가시는 전능한 하나님이십니다. 그렇기 때문에 기도 응답을 심리적인 차원에서 이해해서는 안 됩니다. 기도 응답은 전능자의 분명한 약속에 의한 결과물로서 가장 이성적이며 합리적이고 과학적인 것입니다.

기도에 대한 많은 실험 자료를 모아 책을 낸 래리 도씨(Larry Dossey)는 그의 저서 「치유의 언어」에서 치유 기도에 대한 131건의 실험 중에서 통계적으로 절반 이상이 의미 있는 결과를 보여 주고 있다고 말하고 있습니다. 전능하신 하나님을 믿고 그에게 나아가는 기도는 분명하고도 실제적인 효과가 있습니다.

샌프란시스코 종합 병원에서 393명의 환자를 대상으로 '이중맹 실험 (Double blind study)'을 하였습니다. 이 실험에서 무작위로 선정된 192명의 환자를 치료와 함께 기도를 받게 하였고 그 외에는 일반 치료만 받게 했는데 기도를 받고 치료한 환자 그룹의 완쾌율이 그렇지 않은 환자 그룹에 비해 훨씬 높았습니다. 그리고 2001년 차병원과 미국 '컬럼비아 대학 메디컬센터'의 연구팀의 연구에 의하면 미국 등 멀리 떨어진 곳의 기독교 신자가 시험관 아기 임신을 위해 차병원을 찾은 환자의 사진을 놓고 기도를 함으로써 기도 받지 않은 환자에 비해 임신 성공률이 26%에서 50%로 2배나 높아졌다는 결과를 발표했습니다.

세계 최고의 암 전문병원인 미국 텍사스 주립 대학 'MD앤더슨 암센터'에서 31년간 근무한 세계 최고의 암 전문의 김의신 박사의 보고에 의하면 암 환자 그룹을 두 개로 나누고 200~500명 정도 되는 교회의 중보기도 팀원들에게 환자 본인들도 모르게 1년간 치유를 위해 기도하게 하였는데 그 결과 중보기도를 받은 암 환자 그룹이 그렇지 않은 그룹에 비해 치료 효과가 월등히 높았다는 결과를 보였다고 발표하였습니다.

기도는 응답에 대한 막연한 기대심리가 작용하는 심리적인 개념이 아닙니다. 전능자의 응답에 대한 분명한 약속이 있고 우리는 그 약속을 믿고 나아가서 살아 계신 하나님과 교제하는 은혜의 통로입니다. 오늘날 기도하지 않는 교인들이 점점 늘어나고 있습니다. 기도 시간을 부담스러워하고 기도회 모임을 힘들어합니다. 그래서 기도회 모임에 참석률은 날이 갈수록 떨어지고 있습니다. 근본 이유는 기도의 응답에 관한 확신이 없기 때문입니다.

예수님은 분명하게 "구하라 그러면 너희에게 주실 것이요 찾으라 그러면 찾을 것이요 문을 두드리라 그러면 너희에게 열릴 것이니"라고 말씀하셨습니다. 기도는 반드시 하나님이 들으신다는 믿음을 회복해야 합니다. 그리고 무슨 일이든 어떤 문제든지 기도하는 거룩한 습관을 만듭시다. 우리가 하나님을 믿고 드리는 기도는 결코 헛되지 않고 반드시 하나님이 들으십니다.

(2020. 2. 9)

하나님은 살아 계신다

미국에서 만들어진 〈하나님은 죽지 않았다(God's Not Dead)〉라는 영화가 있습니다. 미국의 어느 대학교에서 실제로 있었던 이야기를 영화화 한 것입니다. 내용을 요약하자면 무신론 철학자 래디슨(Radisson) 교수가 수업 첫 시간에 학생들에게 종이 한 장씩을 나눠주면서 "하나님은 죽었다(God is dead.)"라고 적고 서명하라고 합니다. 그래야 학점을 주고 그렇지 않으면 학점을 주지 않겠다는 것입니다.

모든 학생은 교수의 요구대로 "하나님은 죽었다"라고 쓰고 서명을 했습니다. 그런데 조쉬(Josh)라는 학생은 서명하기를 거부합니다. 이유는 '하나님은 살아 계시고 자신은 그 살아 계신 하나님을 믿는 기독교인'이기 때문이라는 것입니다. 그러자 래디슨 교수는 그 학생에게 하나님이 살아 계신다는 것을 논리적으로 증명해 보라고 합니다. 물론 증명하지 못하면 학점을 줄 수 없다는 조건을 달았습니다.

조쉬는 교회 목사의 도움을 받으며 하나님이 살아 계시다는 것을 증명하기 위해 연구를 시작합니다. 그리고 하나님이 살아 계신다는 자신의 신앙을 여러 가지 학문적 논거들을 바탕으로 이론적으로 정리하고 체계화합니다.

이 과정에서 조쉬는 외톨이가 됩니다. 그의 신앙을 이해하지 못하는 사람들에게 심지어는 친구들에게조차 외면을 당합니다. 그리고 필수 과목인 래디슨 교수의 학점을 받지 못하면 변호사가 되고자 하는 평생의 꿈이 물거품이 될 수도 있다는 불안감을 느끼기도 합니다. 심지어는 그의 신앙을 이해 못 한 여자 친구에게 버림받는 아픔을 겪기도 합니다. 그러나 조쉬는 믿음을 포기하지 않습니다.

이윽고 래디슨 교수의 강의 시간이 돌아왔고 조쉬는 하나님이 살아 계심을 논리적으로 설명합니다. 하나님이 존재한다면 '왜 이 세상에 고통이 있는가? 왜 선하신 하나님이 세상의 고통을 제거하지 않는가?'라는 무신론자들의 질문에 조쉬는 인간이 알지 못하는 하나님의 깊은 뜻에 대해 설명하고 인간이 고통을 받는 것은 하나님의 의도가 아니라 인간을 창조하실 때 주신 자유 의지로 인간 스스로 죄를 선택함으로써 고통이 왔고 그 자유 의지는 인간을 인간답게 하시기 위한 하나님의 선물이라는 사실을 논리적으로 설명해 나갑니다.
조쉬의 논리적인 설명에 래디슨 교수는 당황해하며 자신은 "무신론자로서 하나님을 증오한다."며 화를 냅니다. 그러자 조쉬는 "교수님은 존재하지도 않는 하나님을 어떻게 증오합니까? 교수님이 하나님을 증오한다는 것은 하나님이 존재한다는 것을 전제로 하는 것이 아닙니까?"라고 말합니다. 그 순간 하나님이 죽었다고 서명했던 모든 학생이 하나둘씩 자리에서 일어나더니 "하나님은 죽지 않았다(God's Not Dead)."라고 외칩니다. 조쉬는 멋지게 하나님은 살아 계신다는 사실을 논리적으로 증명해 낸 것입니다.

죄에 빠진 인류의 역사는 물질문명과 세속문화의 발달과 함께 모든 삶의 영역에서 하나님의 존재를 부정하는 쪽으로 흘러왔습니다. 그래서 무신론 사상과 무신론 철학이 생겨났습니다. 심지어는 하나님이 죽었다는 사신신학(死神神學)이 생겨나기도 했습니다. 그러나 인간은 궁극적으로 하나님(神)에게로 돌아가는 존재입니다. 기독교인이든 아니든, 종교인이든 비종교인이든 인간은 원래부터 종교적이며 영적인 존재들입니다. 근본적으로 하나님은 살아 계시고 인간은 창조주 하나님 안에서만 존재할 수 있는 것입니다.

영화는 철저한 무신론자였던 래디슨 교수가 갑자기 교통사고로 죽어가면서 예수님을 영접하는 것으로 끝을 맺습니다. 그는 죽음 앞에서 비로소 하나님의 존재를 인정합니다. 아쉬운 것은 그가 건강할 때 그의 명석한 두뇌와 해박한 지식으로 하나님의 존재를 인정하고 증명하는 논리를 펼쳤다면 아마도 그를 통해 수많은 사람이 희망을 얻고 구원을 얻게 되었으리라는 것입니다. 그는 평생 하나님을 대적하고 대항하는 삶을 살다가 결국은 피할 수 없는 죽음에 이르러서야 하나님의 존재를 인정하는 안타까운 존재가 되고 말았습니다.

　모든 그리스도인들은 하나님의 존재를 믿을 뿐 아니라 그분의 존재를 증명하며 살아야 하는 사람들입니다. 현재 우리나라를 비롯한 전 세계인들이 코로나 바이러스로 인해서 신앙이 위축되고 침체되고 있으나 그럼에도 불구하고 "하나님은 살아 계신다."고 외치는 믿음의 사람들이 필요합니다. 양정교회 성도들이 영화의 주인공 조쉬와 같이 확실한 신앙의 정체성을 가진 성도들로 세워지기를 기도합니다. "하나님이 어디 있느냐?"고 반문하며 "하나님은 없다."라고 주장하는 세속주의 문화풍토 속에서도 당당하고 용기 있게 "하나님은 살아 계신다."라고 외치며 믿음을 지키는 진실한 그리스도인들이 많아지기를 간구합니다.

(2020. 3. 29)

영적인 발달 장애를 극복합시다

발달 장애(Developmental disability)라는 소아기 증상이 있습니다. 정신 또는 신체 발달이 나이만큼 이뤄지지 않는 상태를 말합니다. 실제로 어린아이가 성장하면서 나이에 따른 발달이 이루어지지 않는다면 정말 큰 문제가 아닐 수 없습니다.

어느 가정에 3대 독자로 아주 귀한 아들이 태어났습니다. 아이는 부모에게 그야말로 복덩어리였습니다. 아이는 하루가 다르게 아주 건강하게 성장해 갔지만 나이가 들고 신체적으로 커 갈수록 이상하게도 자신을 둘러싼 주위 환경을 전혀 느끼지 못하는 것이었습니다.

아이의 부모는 뭔가 이상하다 싶어 병원에 데리고 가서 전문가들에게 진단받았는데 아이가 육체적으로는 건강하고 정상적인 성장을 하고 있지만 그에 따른 정신적 성장이 이뤄지지 않고 있다는 충격적이고 슬픈 진단을 받았습니다.

아이의 부모는 그야말로 정성과 애정을 다하여 아이를 보살폈지만 별로 성과가 없었습니다. 그러는 사이 세월은 흘러 아이는 신체적으로 매우 건장한 청년으로 성장했지만 심리적이고 정신적인 면에서는 성장 발달이 이뤄지지 않아서 자신의 부모도 몰라보는 지적 장애인이 되었습니다.

그 아이는 부모에게 출생 자체는 복이었지만 평생 근심과 걱정거리가 되고 슬픔 덩어리가 되고 말았습니다. 이 땅에 이러한 발달 장애를 겪는 아이들이 없기를 바라며 기도합니다. 그런데 이와 비슷한 또 하나의 이야기가 있습니다. 영적인 발달 장애를 겪는 그리스도인들에 대한 이야기입니다.

어느 날 하나님께서 한 영혼을 불렀습니다. 그는 자신이 지옥으로 향하고 있음을 알지 못하고 달려가는 불쌍한 존재였습니다. 하나님은 그를 구원하시기로 작정하시고 전도자를 그에게 보내시어 복음을 전하게 하셨습니다. 그가 전도자에게 복음을 듣는 순간 성령님이 역사하셔서 그는 마음을 열고 예수 그리스도를 자신의 구주로 영접하였습니다.

그 순간, 그는 예수를 자신의 구주로 고백하게 되었고 죄 사함과 구원의 확신이 주어지고 구원의 감격과 큰 기쁨이 주어졌습니다. 그리고 그는 죄 사함을 받고 구원받은 것에 대한 감사로 "한평생 믿음을 지키고 주를 섬기며 주님의 뜻에 따라 순종하는 삶을 살겠다."라고 헌신을 약속했습니다.

하나님은 그가 은혜 가운데 자라며 날마다 더 훌륭한 그리스도의 사람이 되기를 바라셨습니다. 그의 소속 교회 담임 목사도 그가 믿음이 자라서 그리스도의 사람으로 교회에서 중요한 사람이 되기를 기대했습니다. 그런데 얼마 안 되어 그는 하나님을 실망시킬 수밖에 없었고 교회도 그에 대해 실망할 수밖에 없었습니다. 왜냐하면 그의 믿음은 성장하지 않았고 언제나 초보적인 어린아이 신앙에서 벗어나지 못하였기 때문입니다.

처음 믿을 때는 교회와 하나님께 열심을 내는 듯했지만, 시간이 흘러가면서 구원의 감격은 사라지고 예배와 교회의 일들이 무의미해지기 시작했습니다. 교회 일이나 영적인 일보다 세상의 놀이나 취미가 그의 마음을 더 사로잡기 시작했습니다. 예배나 교회 생활은 세속적 즐거움을 추구하는 자신의 계획과 활동에 지장없는 범위에서 제한적으로만 참여하면서도 그는 자신이 신앙생활을 잘하고 있다는 착각에 빠져서 자신에게 어떤 문제가 있는지조차 깨닫지 못했습니다.

그는 그리스도인이면서 삶의 우선순위와 초점은 언제나 세상의 것에 맞추고 자신이 구주라고 믿는 예수님의 인격이나 그분의 삶에 대해서는 아무런 흥미나 관심도 없었습니다. 여전히 세상의 욕심과 죄악 된 습관에 머물러 있는 그는, 명목상의 신자로 그저 기독교인이라는 종교인으로 살아가는 것에 만족했습니다. 이러한 그의 모습은 영적인 발달 장애를 극복하지 못하고 여전히 어린아이로 머물러 있는 신자의 모습입니다. 그런데 오늘날 그리스도인들 가운데 이러한 영적인 발달 장애라는 영적인 질병을 앓는 사람들의 숫자가 점점 많아지는 것을 보게 됩니다. 이는 하나님의 큰 슬픔이 아닐 수 없습니다.

진정한 그리스도인은 발달 장애를 극복하여야 합니다. 날마다 그리스도의 인격과 심품을 배워 실천하고, 하나님이 기뻐하실 일이 무엇인지 고민하고, 그 일을 위해 기꺼이 땀과 눈물로 헌신하며 자기 몫의 십자가를 감당하는 성숙한 성도요 영적인 발달 장애를 극복하는 신앙인이 됩시다.

(2020. 8. 2)

새벽 기도의 신앙인이 됩시다

윌리엄 윌버포스(William Wilberforce)는 노예제도 폐지를 위해 헌신하기로 작정하고 평생을 그 일에 헌신하였습니다. 그리고 그가 뜻을 세운 지 46년 만인 1833년 7월 26일 영국 의회는 노예 해방 법안을 통과시켰습니다. 당시 80만 명의 노예들이 자유인이 되는 놀라운 일이 일어났습니다.

사람들은 그를 '영국의 양심'이라고 불렀습니다. "미국에 링컨이 있다면 영국엔 윌버포스가 있다."라고 할 만큼 영국인들에게 사랑과 존경을 받는 인물이 되었습니다. 그는 독실한 기독교 신앙을 소유하였고 늘 하나님과 친밀한 교제를 이어가는 기도의 사람이었습니다. 어느 날 사랑하는 아들에게 편지를 썼습니다.

"사랑하는 아들아, 결코 이른 아침 기도를 무시하거나 짧게 해버리거나 성급하게 마치는 일이 있어서는 안 된다. 특히 골방에서 하는 하나님과의 교제를 등한히 하지 않도록 주의하라. 네가 이른 아침부터 하나님과 친근한 교제를 하게 된다면, 너는 지금보다 더 훌륭하게 하나님께 쓰임 받을 수 있을 것이다."

편지의 내용은 아침 기도를 중요하게 생각하라는 내용입니다. 우리식으로 하면 새벽 기도입니다. 새벽 기도는 기독교 신앙에서 대단히 중요합니다. 이른 아침에 잠에서 깨어나 하루의 일과를 시작하기 전 하루의 첫 시간을 하나님께 드리고 하나님과의 친밀한 만남을 이뤄가는 새벽 기노는 신앙생활에 있어서 아무리 강조해도 지나치지 않습니다.

새벽이라는 용어는 동트기 전 이른 아침을 의미합니다. 사전에 보면 "밤이 거의 새고 날이 밝을 녘"이라고 정의하였습니다. 히브리어로 새벽은 '오르'로서 '빛나다'라는 의미를 지녔습니다. 어둠이 물러가고 빛이 오는 시간이라는 의미입니다. 하루 24시간 중에서 한밤중은 어둠의 영들이 활동하는 시간입니다. 그래서 사람은 어둠의 영들이 활동하는 시간에는 깊이 잠들어 있어야 합니다.

하나님은 밤을 창조하시고 밤 시간에 피조물을 품어주십니다. 우리가 깊이 잠든다는 것은 하나님의 품에 안긴다는 것입니다. 밤에 깊이 잠들 때 하나님은 우리의 몸과 영혼을 품어서 쉼을 얻게 하십니다. 그런데 어둠의 영들은 사람들을 밤에 잠들지 못하게 합니다.

현대인들이 늦은 밤까지 밝혀진 거리의 불빛과 텔레비전의 화려한 영상, 말초신경을 자극하는 인터넷 사이버 공간을 헤매며 잠들지 못하는 사이에 어둠의 영들이 사람들의 마음을 지배합니다. 사람들은 잠들지 않는 밤을 밤 문화라고 하지만 오늘날의 밤 문화는 어둠의 영 사단에게 정복되어 대개가 어둠의 문화, 죄악의 문화가 되었습니다.

사회적으로 일어나는 범죄 사건들은 대부분 어두운 밤 시간에 발생한다는 것은 밤 시간에 어둠의 영들이 활발하게 활동한다는 증거입니다. 그러므로 밤 시간에는 일찍 잠들고 새벽에 일찍 일어나서 하나님을 경배하고 하루를 시작하는 것이 하나님의 사람들을 향해 가지신 하나님의 거룩한 뜻입니다.

의학계의 연구 결과에 따르면 아이들에게 성장 호르몬은 밤 11시에서 새벽 2시 사이에 나온다고 합니다. 그래서 성장기에 있는 아이들은 반드시 그 시간에 깊이 잠들어 있어야 합니다.

성장이 멈춘 어른들은 그 시간에 비만을 예방하고 성인병을 예방하는 호르몬이 분비되기 때문에 다이어트를 하려면 반드시 11시에서 2시 사이는 잠들어 있어야 한다고 합니다. 깊은 밤에는 잠들고 동터오는 새벽에 일찍 일어나는 것이 건강에도 좋다는 것입니다. 하나님이 인간을 만드신 창조 원리가 그렇습니다.

성경에서 중요한 사건들은 이른 아침 즉 새벽에 일어났습니다. 홍해가 갈라진 사건도 광야에서 만나가 내린 일도 철옹성과 같았던 여리고 성이 무너져 내린 일도 모두 이른 아침, 새벽 시간이었습니다. 예수님의 부활 사건도 새벽에 일어났습니다. 그래서 믿음의 사람들은 새벽 시간을 활용하였고 이른 아침에 말씀을 묵상하고 하나님께 기도하며 영적인 일들을 행하였습니다.

새벽 기도는 하루의 첫 시간을 드리는 것이기에 시간의 십일조를 드리는 것입니다. 하루 중 나의 가장 소중한 첫 시간을 드리는 것이기에 주님을 향한 나의 사랑의 고백이며 하나님이 나의 삶의 최우선 순위에 있다는 것을 표현하는 신앙 고백적 의미가 있습니다. 그러므로 새벽 기도의 신앙인이 됩시다. 내가 어둠을 박차고 일어나지 않으면 진정한 새벽은 오지 않습니다.

오늘부터 세이레 새벽 작정기도 2주 차가 시작됩니다. 평소에 새벽기도에 관심이 없던 분들도 이번에 결심하고 일어나 봅시다. 새벽을 깨우는 신앙인이 됩시다.

(2020. 10. 18)

실망하지 맙시다

어느 날 신문 기자가 미국의 16대 대통령 에이브러햄 링컨에게 "당신의 놀라운 성공과 존경받는 삶의 비결은 어디에 있다고 생각하십니까?"라고 물었습니다. 링컨은 "그것은 다른 사람들보다 실패를 많이 경험했기 때문이지요. 나는 실패할 때마다 실패에 담긴 하나님의 뜻을 배웠고 그것을 징검다리로 사용했습니다. 사단은 내가 실패할 때마다 '이제 너는 끝장이다'라고 속삭였어요. 그러나 하나님은 내가 실패할 때마다 '이번 실패를 거울삼아 더 큰 일에 도전하라'고 하셨습니다. 나는 사단의 속삭임보다 하나님의 음성에 귀를 기울였지요."라고 대답했다고 합니다.

사실 링컨의 일생을 더듬어 보면 실패와 불행의 연속임을 알 수 있습니다. 그는 크고 작은 선거에서 일곱 번이나 낙선의 고배를 마셨습니다. 사업에도 두 번이나 실패하여 빚을 갚는 데 17년이나 걸렸습니다.

그는 사랑하는 사람들을 잃는 경험을 많이 했습니다.

열 살 때 어머니를 잃었고, 20세에는 누이 사라마저 세상을 떠났습니다. 또한 27세에는 결혼을 약속했던 연인 앤 메이가 갑작스럽게 불치의 병으로 세상을 떠났으며, 42세에는 다섯 살 된 둘째 아들 에드워드를 잃었고, 53세 때에는 열두 살 된 셋째 아들 윌리엄을 잃는 아픔을 겪어야 했습니다.

이러한 연속된 불행의 아픔 속에서 심리적으로 심한 우울증을 앓아야 했습니다. 그러나 링컨의 마음속엔 언제나 소중하게 간직하고 암송하며 확신하는 말씀이 있었습니다. 그것은 로마서 8장 28절에 기록된 "우리가 알거니와 하나님을 사랑하는 자 곧 그 뜻대로 부르심을 입은 자들에게는 모든 것이 합력하여 선을 이루느니라."라는 말씀입니다.

하나님의 말씀은 그의 가슴에 꺼지지 않는 믿음의 불을 밝혔습니다. 자신의 생애에 찾아온 어려운 순간마다 말씀을 의지하고 기도하며 극복하였습니다. 어떤 경우에도 하나님을 신뢰하는 믿음의 불을 끄지 않았던 것입니다. 결국 그는 노예 해방이라는 역사적인 업적을 남겼을 뿐 아니라 미국인들의 마음에 가장 존경받는 대통령으로 남아있습니다.

마음속에 하나님을 의지하는 믿음의 불이 타오르는 사람은 결코 망하지 않습니다. 하나님을 향한 믿음이 있는 사람에겐 실패가 문제 되지 않습니다. 실패는 하나님의 선한 뜻을 이루는 하나의 과정이기 때문입니다.

시간 관리 전문가 하이럼 스미스(Hyrum W. Smith)가 한 성공한 기업가에게 "성공 요인"에 대하여 묻자 그 기업가는 "잘된 결정 때문"이라고 대답했다고 합니다. 이어서 "어떻게 잘된 결정을 내렸는가?"라고 묻자 "경험을 통해서"라고 대답했고 마지막으로 "경험은 어떻게 얻었는가?"라고 묻자 "잘못된 결정을 통해서"라고 대답했다고 합니다. 성공한 기업가가 말하고자 했던 것은 실패와 성공은 하나의 과정이라는 것입니다.

성공이 중요하면 실패도 또 하나의 중요한 삶의 과정인 것입니다. 하나님을 믿고 의지하는 사람은 실패를 인생의 끝으로 여기지 않습니다. 그러기 때문에 어떤 경우에도 실망하거나 절망하지 않습니다.

지금 우리는 그 어느 때보다 힘들고 어려운 시기를 지나고 있습니다. 코로나 19라는 거대한 쓰나미에 밀려 모든 사람, 심지어 하나님의 살아 계심과 능력을 믿는 신앙인들까지 "절대적 절망감"에 사로잡혀 있습니다.

어느 우화에서 악마들이 낚시 대회를 열었는데 "절망과 포기"라는 미끼를 사용한 악마가 일등을 했다고 합니다. "너는 이미 늦었다. 너는 후회해도 이젠 안 된다. 너는 아무짝에도 쓸모없다." 이러한 낚싯밥에 사람들이 제일 많이 걸려들었다는 것입니다.

우리는 사단이 가져다주는 절망감에서 벗어나야 합니다. 성도는 마귀가 던지는 절망과 포기라는 미끼에 걸려들면 안 됩니다. 예수님은 "하나님을 믿으니 나를 믿으라."고 하셨습니다. 하나님의 능력과 섭리와 우리를 향한 사랑을 믿고 하루하루의 삶이 힘들고 어려워도 말씀이 인도하시는 길을 따라 믿음의 불을 밝혀 들고 담대하게 걸어갑시다.

(2021. 1. 24)

안방 영성에서 광야 영성으로 :

하나님의 부르심

토요일 아침, 교역자와 경건회 시간에 생일을 맞은 전도사님을 위해 생일 축하 노래를 불렀습니다. 그런데 "생일 축하합니다. 생일 축하합니다. 사랑하는 전도사님 생일 축하합니다."로 부르는 이 생일 축하송에 2절이 있다는 것을 그때 알았습니다. 2절을 소개하면 "왜 태어났니? 왜 태어났니? 하나님의 영광 위해 태어났어요."입니다. "왜 태어났니?"는 축하해 주는 사람들이 부르고 "하나님의 영광 위해 태어났어요."는 본인이 부르는 방식입니다.

어떤 분의 아이디어인지 모르지만 아마도 어린이들에게 신앙적이고 영적인 내용을 담아서 생일을 축하하기 위해 만든 아주 훌륭한 생일 축하송이라는 생각을 했습니다. 사람이 자신의 생일을 맞을 때마다 자신이 이 세상에 왜 태어났는지, 왜 살아야 하는지 그 의미를 깨닫고 생각하게 하는 참으로 멋지고 아름다운 생일 축하 노래라는 생각을 했습니다.

사람은 하나님의 부르심을 받아 세상에 태어납니다. 그리고 부르심에는 삶의 목표와 이유를 분명히 하게 하는 부르심이 있고, 하나님의 자녀가 되어 구원으로 초청하는 부르심이 있습니다. 그리고 하나님의 어떤 목적을 이루며 쓰시기 위한 부르심이 있습니다.

사람은 본인이 알든 모르든 모두가 하나님의 부르심을 받고 이 땅에 태어났고, 각자 맡은 일들을 감당하며 살아갑니다. 그런데 하나님의 부르심을 알고 부르심에 응답하며 사는 사람이 있는가 하면 부르심 자체도 깨닫지 못하고 살아가는 사람들이 있습니다.

부르심에 대한 인식과 그것에 대한 책임감을 갖게 되는데 그것을 사명감이라고 합니다. 하나님의 사람들에게는 소명 의식과 사명감이 있어야 합니다. 하나님의 부르심은 자신이 하나님의 자녀이며, 하나님의 일꾼이라는 정체성을 갖게 하고, 하나님이 자신에게 맡긴 사명에 대한 책임감을 갖게 합니다.

1885년 북 장로교 선교사로 최초로 한국에 파송되어 복음을 전하였던 언더우드 선교사의 손자인 언더우드 3세(한국 이름 원일한)에게 "당신은 왜 낯선 한국 땅에 와서 대를 이어 일하고 있느냐?"고 물었더니 '소명' 때문이라고 간단히 대답했다고 합니다.

즉 하나님께서 자신의 할아버지와 아버지를 한국으로 불렀고, 자신도 한국으로 불렀다는 것입니다.

언더우드 선교사는 원래 인도 선교사로 가기 위해 의학 공부를 하면서 준비하고 있었습니다. 그런데 1883년 겨울, 일본에서 사역하고 있던 올트맨(Allert Oltmans) 선교사를 만나면서 "한미 조약이 체결되어 선교사가 들어갈 조건이 구비되어 한국 선교의 문이 열리고 있는데 미국 교회가 무관심하다."고 하는 말을 듣고 한국 선교의 시급성에 대해 알게 되었습니다. 「한국장로교회 선교 역사」라는 책에 보면, 언더우드 선교사가 한국 선교에 부름을 받는 내용에 대해서 다음과 같이 기술하고 있습니다.

"나에게 하늘의 메시지가 들려왔다. 그것은 '너는 왜 못 가느냐?(Why not go yourself?)'였다. 나는 두 차례나 선교 본부에 가서 한국행을 간청하였지만 쓸데없는 말이라고 핀잔받았다. 이제 나에게는 본국에 머물러 목회를 하거나 인도에 가는 길밖에 없는 것 같았다. 나는 이렇게 머뭇거리는 상태에서 뉴욕의 어느 교회로부터 청빙을 받았다. 나는 이 청빙에 응하기로 하여 수락하는 편지를 우체통에 넣으려고 하였다. 그 순간 '한국에 갈 사람은 없는가?(Not one for Korea) 한국은 어찌할 터인가?(How about Korea?)'라는 소리가 나의 귀에 쟁쟁하게 들려왔다. 이때 나는 나도 모르게 손에 쥐었던 편지를 호주머니에 집어넣고, 단숨에 선교 본부를 찾아갔다. 나는 선교 본부 수석 서기인 엘린우드(F.F.Ellin wood)를 만나서 한국으로 가겠다고 말했다. 며칠 후 그에게서 받은 기별은 다음 회의에서 내가 선교사로 임명될 것이라는 내용이었다."

언더우드 3세가 말한 것처럼 하나님께서 언더우드 선교사를 한국으로 부르셨던 것입니다. 그는 하나님이 자신을 한국으로 부르셨다는 사실을 확실히 믿었고, 인도로 가려고 준비했던 모든 계획을 접고 하나님의 부르심에 응답하여 1986년 최초의 장로교 선교사로 한국으로 왔던 것입니다. 그리고 자식도, 그 손자도 3대를 이어 그 하나님의 부르심에 응답하여 지금도 한국을 위해 일하면서 사명을 다하는 신앙의 명문 가문으로 복을 받았습니다.

이제 우리 모두 함께 고민해 봅시다. 나를 부르신 하나님의 의도는 무엇인지, 그리고 지금 내가 해야 할, 하나님께서 나에게 맡겨주신 사명은 무엇인지를 말입니다.

(2021. 2. 21)

열 정

곱게 물들어 가을 산을 아름답게 수놓았던 단풍잎들이 어느새 땅에 떨어져 뒹구는 낙엽이 되고 이마에 구슬 땀 흘리게 했던 염풍(炎風)은 옷깃에 파고드는 찬바람이 되었습니다.

불타는 열정으로 여름날을 노래하던 왕매미 소리는 칙칙한 구석에서 고독의 잔을 기울이는 귀뚜라미의 통곡으로 바뀌었습니다. 식어버린 사랑처럼 냉랭해지고 떠나버린 사랑처럼 공허해진 가을날의 높고 맑은 하늘에서 무상하게 흘러가는 세월을 느낍니다.

심리학에 '열정 소진 증후군(Burnout Syndrome)'이라는 용어가 있습니다. 어떤 일에 열정을 불태우다가 어느 순간에 탈진하여 열정이 식어버리는 현상을 의미합니다. 매사에 의욕이 없고 싸늘하게 식은 연탄재 같이 되는 현상입니다.

신앙이란 열정입니다. 믿음이 있다는 것과 열정이 있다는 것은 같은 말입니다. 그래서 그리스도인들은 열정의 사람이 되어야 합니다. 하나님은 열정의 사람을 기뻐하십니다. 그래서 모든 일에 게으르지 말고 열심을 품고 주를 섬기라고 했습니다.

종교계의 노벨상이라고 하는 '템플턴 상'을 제정한 존 템플턴(John Templeton)은 「열정」이라는 그의 책에서 "열정 없이는 아무것도 이룰 수 없다. 나의 열정을 주위로 전염시켜라. 당신의 삶을 열정으로 변화시켜라."라고 말했습니다.

맥도널드의 창업자 크록(Raymond Albert Kroc)은 "사업가에게 가장 필요한 것은 박사학위가 아니라 열정이다."라고 외치며 맥도널드를 114개국에 24,500개의 매장을 가진 글로벌 기업으로 키워냈습니다.

베토벤은 청각장애를 앓고 있었지만 곡 한 개를 완성하기 위해 열두 번 이상을 다시 고쳐 쓰는 열정으로 수많은 명곡을 작곡해 내었고, 하이든은 불후의 명곡 〈천지창조〉를 66세의 나이에 발표하는 열정을 나타냈습니다. 레오나르도 다빈치는 그의 걸작 〈최후의 만찬〉을 무려 10년에 걸쳐 완성해 냈습니다.

코카콜라 로베르토 고이주에타(Roberto Giozueta) 회장은 "내 혈관에 흐르고 있는 것은 피가 아니라 코카콜라다."라는 유명한 말을 했습니다. 발명왕 에디슨은 2만 번의 실패를 거듭한 끝에 축전지를 발명했습니다. 이들은 모두 열정의 사람들이었습니다.

위대한 성공, 위대한 성취, 한 시대에 업적을 남기거나 한 시대를 변화시킨 사람들, 모든 인류에게 희망과 감동을 준 사람들에게 공통점이 있다면 그들 모두가 특별한 열정의 소유자였다는 것입니다. 그런데 오늘날 그리스도인들의 문제는 하나님을 찾는 열정이 없다는 것입니다.

배부르고 등 따듯해져서 더 이상 하나님을 필요로 하지 않는다는 것입니다. 그래서 그리스도인들의 삶에서 하나님의 능력이 나타나지 않습니다. 그러므로 하나님을 향한 간절함과 하나님 없이는 안 된다는 절박함을 회복하여야 합니다. 그러면 우리의 삶에 하나님의 능력이 나타납니다.

구덩이에 빠진 개구리가 지나가는 토끼에게 도움을 요청했습니다. 토끼는 낑낑 대며 개구리를 꺼내기 위해 노력했지만 허사였습니다. 토끼가 할 수 없이 포기하고 자기 길을 가는데 잠시 후 개구리가 구덩이에서 나와 토끼를 뒤쫓아 뛰어오는 것이었습니다.

토끼가 놀라서 어찌 된 일인지 물었습니다. 그러자 개구리는 "토끼야 네가 떠나고 커다란 뱀 한 마리가 구덩이에 떨어졌단다. 나는 그 뱀에게 먹히지 않으려고 있는 힘을 다해 점프했는데 이렇게 빠져나오게 되었단다."라고 말했습니다.

결국 능력의 문제가 아니라 절박함의 문제였습니다. 절박함이 기적을 만들어 낸 것입니다. 기도해도 졸음만 오고 말씀을 들어도 감동이 없다면 하나님을 향한 열정이 식어서 그렇습니다. 거룩한 하나님 앞에 죄인의 절박함이 없어서 그렇습니다. 간절함과 절박함은 거룩한 열정을 만들어 냅니다. 간절하게 하나님을 찾고 절박하게 기도하는 열정을 회복하면 하나님이 반드시 도우실 것입니다.

　깊은 가을, 겨울의 문턱을 넘는 11월 첫 주일을 맞으며 하나님을 향한 열정을 다시 일으켜 봅시다. 떨어지면서도 그 흣저 속에 봄을 넘기는 낙엽의 열정을 배우며, 뜨겁게 기도하고, 예배하고, 사랑하고, 전도하는 열정의 사람이 됩시다.

(2021. 11. 7)

하나님과 코드 맞추기

어느 인터넷 사이트에서 다음과 같은 글을 읽었습니다. 중국의 시골 길을 달리는 버스 안에서 험악하게 생긴 건달 두 명이 승객 중 예쁘게 생긴 한 여자를 희롱하기 시작했습니다. 버스에는 많은 사람이 있었지만 모두 다 모른 체 했습니다. 급기야 두 건달은 운전사에게 정지할 것을 명했지만 말을 듣지 않자 운전사를 칼로 찔렀습니다.

두 건달은 그 여자를 끌고 버스에서 내려 길가 풀밭에서 돌아가며 강간했습니다. 버스 안에는 남자도 수십 명이 있었고, 건장한 사람도 많았지만 아무도 나서지 않았습니다. 그냥 차창 너머로 슬금슬금 눈치만 보며 그 광경을 구경했습니다. 괜히 남의 일에 참견했다가 운전사처럼 칼이라도 맞으면 안 되니 모두 몸을 사리고 있었습니다.

보다 못한 어떤 한 청년이 나서서 건달과 싸웠습니다. 건달들은 그 청년을 칼로 찌르고 달아났습니다. 그 청년은 피 흘리며 쓰러졌고, 여자는 울면서 흐트러진 옷매무새를 가다듬고 차에 올랐습니다. 아무도 말이 없었습니다. 여자에 대한 미안하고 창피한 마음은 있었는지 여자와 눈길을 마주치지 않으려고 모두 무관심한 척 창밖을 바라보고 있었습니다.

운전사는 더 이상 운전할 수 없고 여자가 헝클어진 상태로 운전석에 앉아서 시동을 걸었습니다. 그 때 건달들과 싸우다 칼에 맞아 피를 흘리며 쓰러졌던 청년이 비틀거리며 차에 타려 하자 여자가 "왜 남의 일에 참견하시는 겁니까?"라고 소리쳤습니다.

여자는 청년에게 화를 내고 버스 문을 닫아버렸습니다. 그리고 여자가 운전하는 버스는 청년을 뒤로한 채 출발했습니다. 청년은 아픈 몸을 이끌고 시골길을 비틀거리며 걸어가다 얼마 못 가서 차 사고 현장을 만났습니다.

교통을 통제하는 경찰이 말하길 버스가 천 길 낭떠러지에 떨어져 승객이 모두 사망하였다는 것입니다. 이 말을 전해 들었던 청년은 멀리 낭떠러지 밑을 바라보니 처참한 사고 현장이 생생하게 펼쳐졌고, 방금 자신이 타려고 했던 그 버스임을 확인하게 되었습니다. 이 이야기는 여기에서 끝납니다.

건달들에게 폭행당하는 것을 보면서도 자신에게 무관심했던 승객들, 그에 대한 서운한 마음에서 여자는 모두를 죽음으로 끌고 갔던 것입니다. 버스에 타고 있던 사람들은 모두 죄를 짓지 않았지만 강간당한 여자의 입장에서 보면 모두 죽어야 할 만큼 큰 죄를 지은 사람들이었습니다.

오직 살 만한 가치가 있던 그 청년은 버스에 타지 못하게 하고, 그 여자는 승객들을 모두 죽음의 낭떠러지로 데리고 간 것입니다. 우리는 모두 버스 안의 승객이 아닌지 곰곰이 반성해 보아야 하겠습니다. 남의 불행이나 슬픔에 그저 방관만 하고 있는 것이 옳은지를 말입니다.

우리가 사는 지구촌에 예수를 모르고 지옥을 향해가는 사람들이 엄청나게 많습니다. 그들은 사단 마귀와 악한 영들에 의해 미신과 우상 숭배, 그리고 불신에 사로잡혀 사는 사람들입니다. 그들에게 복음을 전하고 선교하는 일은 하나님의 선을 이루는 것입니다. 하나님께서 바라보실 때, 우리는 어떤 입장에 서 있는지 생각해 보아야 합니다.

무전기는 주파수가 맞아야 서로 통합니다. TV도 방송국의 채널과 서로 맞아야 화면이 나오는 것입니다. 교회나 모든 그리스도인이 은혜를 받고 복된 삶을 살려고 하면 하나님의 채널에 자신의 채널을 맞추어야 합니다. 다른 코드로 접근하면 서로 통하지 못할 뿐 아니라 수고와 노력도 헛될 뿐입니다. 코드가 맞는 사람끼리 만나면 서로 말이 통합니다. 서로 행복해지는 것입니다. 그래서 서로가 코드를 맞추는 일은 대단히 중요합니다.

　우리가 하나님과 통할 수 있는 코드는 하나님의 긍휼이며, 긍휼이 나타나는 구체적 방법이 복음전파입니다. 그래서 하나님의 코드(code)는 선교입니다. 선교는 교회의 창설자 되신 예수님께서 교회를 설계하실 때부터 교회에 부여하신 것이며, 구원의 사역을 완성하신 후에도 수차례 제자들에게 주신 명령 속에 잘 나타나 있습니다. 그러므로 교회와 성도 개개인이 선교 정신(mind)을 갖는 것은 하나님이 코드에 맞추는 것입니다.

(2021. 11. 28)

양의 우물에서 퍼올린 생수 III

어 떻 게

생 각 하 십 니 까

초판1쇄 : 2024년 7월 25일

지은이 : 박재신
펴낸이 : GMS 선교사 운영위원회
펴낸곳 : GMS 출판부

경기도 화성시 팔탄면 월문길 11-10
출판등록 제1998-000033호(1985. 10. 29)
전화 : 031) 354-8861
팩스 : 031) 354-8862

이메일 : elman1985@hanmail.net
홈페이지 : www.elman.kr

값 15,000 원
IBSN 978-89-5515-755-0